novum pro

Elfi Frühwirth

Bin Skorpion, Krebs unerwünscht

Eine wahre Geschichte

novum pro

www.novumverlag.com

Bibliografische Information
der Deutschen Nationalbibliothek:

Die Deutsche Nationalbibliothek
verzeichnet diese Publikation in
der Deutschen Nationalbibliografie.
Detaillierte bibliografische Daten
sind im Internet über
http://www.d-nb.de abrufbar.

Alle Rechte der Verbreitung,
auch durch Film, Funk und Fernsehen,
fotomechanische Wiedergabe,
Tonträger, elektronische Datenträger
und auszugsweisen Nachdruck,
sind vorbehalten.

2. Auflage
© 2021 novum Verlag

ISBN 978-3-99064-420-1
Lektorat: Volker Wieckhorst
Umschlagfotos: Elfi Frühwirth,
Ian Andreiev | Dreamstime.com
Umschlaggestaltung, Layout & Satz:
novum Verlag
Innenabbildungen: Elfi Frühwirth (17)

Gedruckt in der Europäischen Union
auf umweltfreundlichem, chlor- und
säurefrei gebleichtem Papier.

www.novumverlag.com

Februar 2018

Bin Skorpion,
Krebs nicht erwünscht

Ich liege am Boden mit nacktem Oberkörper, dunkelblauer Jeans und schwarzen Schuhen. Mein Kopf ist schwer, ich sehe die große Gestalt des Arztes in dem dunklen Raum zu mir eilen und noch eine Gestalt. Ich weiß nichts mehr, kann mich nur mehr an das Wort „tumorös" erinnern. Es hallt in mir.

Mein Kopf wird irgendwie von den Armen der Röntgenassistentin vom harten Boden abgestützt. Ihre Stimme ist aufgeregt und nervös. Sie ist einfach kollabiert, höre ich sie hektisch dem Arzt erzählen.

Haben Sie mich nicht rufen gehört, meint sie zu mir?

Nein, habe ich nicht. Ich schwitze und mir ist kalt, alles rauscht in meinem Kopf – tumorös.

Es ist ein Donnerstag Ende September. Ein sonniger, warmer Herbsttag und wir sind mit den Kindern im Garten und genießen das angenehme Wetter. Ich arbeite in einem Kindergarten als Kindergartenpädagogin.

Heute nehme ich mir eine Stunde früher frei. Ich will noch kurz eine Routineuntersuchung hinter mich bringen.

Bei meinem Besuch bei der Frauenärztin gestern habe ich kurz erwähnt, dass meine rechte Brust sich etwas fester anfühlt.

Kein Problem, oder?

Ich werde schließlich in einem Monat fünfzig Jahre, und da auch meine Tage in letzter Zeit unregelmäßig werden, denke ich logischerweise an die Menopause.

Eigentlich habe ich zuerst gedacht: Kind will ich jetzt keines mehr. Schließlich siegte natürlich die Vernunft und der Gedanke: „Wie denn auch?"

Aber so geht es vielleicht nicht nur mir. Wenn man so ungefähr siebenunddreißig Jahre seine Tage so annähernd gleichmäßig bekommt, ist es ein eigenartiges Gefühl, wenn sie nach so vielen Jahren einmal ausbleiben.

Mein erster Kuraufenthalt stand auch vor der Tür. Kurzum: Ich wollte sie gleich erledigen, diese Sonographie, zu der mir die Frauenärztin geraten hatte.

Weg von der Arbeit, zehn Minuten später war ich im Röntgeninstitut.

Ich habe irgendwie immer Angst, wenn ich auf so einem harten Plastiksessel in einer Reihe bei einem Arzt sitze und warten muss. Ich kann auch keine Zeitschriften lesen so wie die Frauen neben mir, ich starre einfach vor mich hin, warte, bis die Tür aufgeht und ich meinen Namen höre.

Mir ist klar, dass ich warten muss, schließlich habe ich keinen Termin. Dies ist bei dieser Untersuchung möglich, den Termin für die Mammographie hole ich mir danach.

Ich höre nebenan, dass bereits Termine für Mitte Jänner vergeben werden.

Es ist ungefähr 11:40 Uhr an diesem sonnigen, warmen Donnerstag im September.

Habe ich eigentlich erwähnt, warum ich schreibe?

Ich halte das Warten nicht mehr aus. Warten und nicht zu wissen, was herauskommt bei den Untersuchungen. Es ist unerträglich. Der Tag hat plötzlich viel mehr Stunden und die Stunden mehr Minuten.

Ich weiß auch nicht, ob Schreiben das Richtige ist. Ich tue es einfach. Ich schreibe mir das Erlebte von der Seele. Ich tue es einfach.

Vielleicht lösche ich die Seiten auch wieder in ein paar Stunden.

In meinem Haus ist es ganz ruhig. Mein Mann ist in der Arbeit, mein jüngerer Sohn ist heute in Graz und mein älterer Sohn, der bereits ausgezogen ist, war am Vormittag bei mir.

Alle sind für mich da, wenn ich sie brauche, und trotzdem kann mir niemand helfen. Ich habe ihnen allen vor acht Tagen einen richtigen Schock verpasst, aber ich musste es ihnen doch sagen, wir sind doch eine Familie und noch dazu eine ziemlich gute.

Warum schreibe ich vielleicht noch?

Weil wir so viele sind, weil das, was ich gerade durchmache, viele hautnah verstehen können, und hätte ich jetzt so ein Schriftstück in der Hand, würde ich mich auf meinem Sofa in eine warme Decke verkriechen, hätte dicke, selbst gestrickte Socken an und würde lesen.

Ich würde lesen von einer mir Unbekannten, die gerade das Gleiche oder ein ähnliches Schicksal durchlebt.

Lesen über die Tränen, die man vergießt, die Angst, die einen überfällt, die Hoffnungsschimmer, die auftauchen und die ganz düsteren Gedanken, die man zu verdrängen versucht, damit nicht eine grässliche Angst die ganze Kontrolle über einen bekommt.

Es ist ungefähr 11:40 Uhr an diesem sonnigen, warmen Donnerstag im September, als eine junge Röntgenassistentin eine der Türen vor mir öffnet und meinen Namen nennt.

Jeder weiß, was folgt. Bitte Oberkörper freimachen und zu mir hereinkommen. Vergessen Sie bitte nicht, die Tür abzusperren.

Ich kenne den Raum. Ich war bereits in den letzten 7 Jahren dreimal bei einer Sonographie bzw. Sonographie und Mammographie. Davor auch noch einmal, aber in einem wesentlich längeren Abstand.

Die Untersuchungscouch ist mit frischem Papier überzogen und ich bekomme ein Baumwolltuch in die Hände, damit ich mich nach der Untersuchung abwischen kann.

Ich mag solche Räume nicht. Sie sind dunkel, neben mir rauscht ein Monitor und ich sehe die irgendwie lachsfarbige Wand an meiner linken Seite an mit dem Magnolienast darauf. Ich muss noch warten, überschränke meine Beine und sehe auf meine schwarzen Schuhe.

Schön sind sie nicht, aber warm.

Ich löse den Knopf wieder aus meinen Beinen und liege wieder gerade. Eigentlich möchte ich schon wieder weg sein, denk ich mir, aber so geht es mir immer.

Letztes Mal war ich vor zweieinhalb Jahren da und da war die Zyste in meiner linken Brust nicht größer als ein Jahr zuvor – also.

Der Arzt kommt in den Raum. Er ist groß, sehr groß, und es ist der Chef des Institutes. Er hat an mir noch nie eine Untersuchung vorgenommen.

Bis jetzt kann ich mich an zwei andere Ärzte und einmal eine Ärztin erinnern.

Er begrüßt mich kurz und freundlich, will noch kurz wissen, warum ich zur Frauenärztin gegangen bin und warum sie mich schickt.

Ich antworte: Nur wegen Regelunregelmäßigkeiten und sie schickt mich wegen der leicht spürbaren, etwas härteren rechten Brust.

Er meint nur, während er mit der Untersuchung beginnt: Schauen wir einmal, vermutlich handelt es sich auch hier, so wie links, um ein eher zystenreiches Gewebe.

Ich schaue so gut es geht am Monitor mit. Links ist alles wie bekannt, es hat sich nicht verändert.

In Gedanken schon alles geschafft, weil es bei mir bei jeder Untersuchung immer nur links etwas zu sehen gibt.

RECHTS. Er fährt mit dem Ultraschallgerät über die rechte Brust. Noch einmal.

Ich würde gerne noch eine Mammographie machen, meint der Arzt, und ich antworte sofort: Ich habe noch gar keinen Termin dafür.

Mir kommt in ihrer rechten Brust etwas tumorös vor und darum möchte ich gleich diese Untersuchung anschließen, um sichergehen zu können und anderes ausschließen zu können.

Die Assistentin bittet mich, meine Sachen in die Kabine nebenan zu legen.

Ich spüre mich nicht mehr, ich mache nur mehr. Mein rechter Busen wird in Position gebracht, mir wird komisch, es rauscht nur mehr.

Mir wird ganz komisch, sage ich noch, und sie reagiert und setzt mich auf den kleinen Hocker mit Holzauflage und weißen Beinen. Ich bekomme ein Glas Wasser und lehne meinen Kopf an den Türrahmen. Gott im Himmel.

So sitze ich mit nacktem Oberkörper auf diesem Hocker, brauche zwei Hände, um mein Wasserglas zum Mund führen zu können, da meine Hände so zittern. Ich schwitze und mir ist kalt, alles rauscht in meinem Kopf.

Es geht wieder los, schließlich habe ich nicht ewig Zeit, denke ich mir und man braucht doch ein Untersuchungsergebnis, also ein Mammographie-Bild.

Tumorös, immer wieder dieses Wort. Ich spüre, wie es mir den kalten Schweiß in den Körper treibt. Mir wird schon wieder ganz schrecklich, ich muss das schaffen, mir wird ...

Ich weiß nichts mehr. Ich liege am Boden neben dem Mammographiegerät. Es ist dunkel und stickig. Alles brummt, mein Kopf, die Geräte. Was ist passiert?

Ich sehe eine große Gestalt durch den Türrahmen kommen. Es ist der Arzt. Ich liege am Boden, mein Kopf wird durch irgendwelche Körperteile der Assistentin vor dem harten Boden geschützt.

Ich bin kollabiert.

Haben Sie mich nicht rufen hören?, meint sie. Ich keuche, nein.

Ich habe solche Angst, höre ich mich noch zum Arzt sagen, und er meint: Ich verstehe Sie.
Man gibt mit noch kurz Zeit, dann setze ich mich wieder auf diesen Hocker und schlottere vor mich hin.
Es war erst die erste Seite, erfahre ich.

Man gibt mir wieder Zeit. Der Röntgenassistentin habe ich einen sichtlichen Schock verpasst.

Wie bin ich hier heruntergekommen? Frage ich sie. Ich habe Sie aufgefangen. Gott sei Dank sind Sie nicht schwer.
Haben Sie mich nicht rufen gehört? Ich habe echt geschrien. Nein, ich weiß nichts mehr.

Man gibt mir wieder Zeit, danach hängt sich die Assistentin einen Schurz um und stellt sich bei der Untersuchung hinter mich, um mich zu halten. Eine Zweite löst aus. Der Arzt meint noch einmal: Habt ihr die Bilder? – und zu mir: Sie müssen das abklären, mit der Frauenärztin reden, eine MR machen.

Ich schlottere am ganzen Körper und bemühe mich, mich anzuziehen. Blauer BH, Unterhemd, da mir meistens kalt ist, und grauer Pulli.

Ich darf so nicht selber nach Hause fahren. Ich muss meinen Mann verständigen. Mein Handy liegt im Auto. Die Assistentin neben mir ist auch geschockt, aber anders als ich.

Bei mir hat sich gerade die ganze Welt verändert. Ich nenne ihr die Nummern, sie tippt sie für mich ein und gibt mir das Handy in die Hände. Ich warte. Dann höre ich die Stimme meines Mannes am anderen Ende. Die Minuten waren so emotional und furchtbar, dass ich sogar weine, während ich diese Zeilen schreibe.

Ich höre nur noch, wie er seinen Namen nennt, und als er meine Stimme unter dieser Nummer hört: Ja, hallo Elfi. Und ich: Du musst mich holen, vom Röntgeninstitut.

Was ist denn los? Und ich: Hol mich bitte, gleich.

Danach werde ich mit einer Nackenrolle auf die Sesselreihe, die orange, die ich eigentlich nicht mag, gelegt. Dort liege ich und warte, man schaut noch einmal nach mir, nach wenigen Minuten.

Danach geht der Alltag in diesem Röntgeninstitut weiter. Ich liege da, bin im verkehrten Film angekommen. Die Leute in meiner unmittelbaren Umgebung sind mir egal. Ich will nur mehr weg.

Ich muss Bescheid geben, wenn ich abgeholt werde.

Ich zittere gerade wieder so, als ob ich das Geschriebene gerade eben erleben würde, dabei ist es heute genau eine Woche und drei Tage her.

Ich muss jetzt etwas Schöneres, etwas für mich Einfacheres schreiben. Es ist Sonntag. Ich bin wieder alleine zu Hause, da mein Mann wieder Dienst hat. Er ist Polizist und da gibt es auch Wochenenddienste, viele sogar.

Die letzten Sätze habe ich alle mit „ich" begonnen, fällt mir auf. Früher in der Schule hätte ich damit sicher ein Problem bekommen und eine rote Wellenlinie darunter.

Heute ist mir das mehr als egal, vielleicht ist es auch mein Unterbewusstsein, weil es nur um mich geht, weil ich es bin, die in diesem Drama die Hauptrolle zugeteilt bekommen hat.

Ich wünsche mir so sehr, dass alles gut geht und ich in drei Tagen eine Antwort bekomme, die meine Situation mildert und entschärft.

15. September 2017

Den Mann, auf den ich im Röntgeninstitut warte, kenne ich nunmehr seit siebenundzwanzig Jahren. Er ist mein Traummann und das meine ich aus tiefstem Herzen.

Ich habe ihn in einer Disco im Nachbarort kennengelernt. Ich war damals zweiundzwanzig Jahre. Gerade noch, denn es war ein Samstag Ende September. An das Wetter kann ich mich nicht mehr erinnern, aber an das Datum.

Es war der 28. September, genau der Tag, an dem ich siebenundzwanzig Jahre später diesen Befund bekommen sollte.

Wenn es dreihundertfünfundsechzig Tage in einem normalen Jahr gibt, warum ist es möglich, dass es genau dieser Tag ist? Ich weiß es nicht. Vielleicht weil er mir schon einmal das große Glück gebracht hat und er mir nach dieser großen Prüfung noch einmal Glück bringt.

Der DJ in dieser Disco damals hatte, glaube ich, ein Auge auf mich geworfen und jedes Mal, wenn ich mit meiner Freundin dort hinkam, legte er für mich den Song „I Promised Myself" auf, weil ich ihn mir schon einmal gewünscht hatte.

Ich mag den Song bis heute und knüpfe daran besondere Momente.

Es war der Song, der im Radio gespielt wurde, nachdem meine erste Beziehung zu Ende war. Wir hatten uns ausgesprochen, Ungeklärtes blieb trotzdem ungeklärt.

Ich stieg in meinen kleinen roten Subaru, öffnete das Schiebedach und schaltete das Radio ein.

Ich spürte damals, jetzt muss ich einen neuen Lebensabschnitt beginnen. Es war leer in mir und ich fühlte mich allein. Das Lied, das zu hören war, war „I Promised Myself". Es wurde für mich mein Lied in dieser Zeit.

An diesem 28. September war ich auf der Tanzfläche, ich tanzte zu meinem Lied. Vermutlich meine Freundin auch, ich weiß es nicht mehr.

Sie war es auch, die die zwei Jungs am Tresen kannte, da sie aus unserem Heimatort waren. Ich hatte sie nie zuvor gesehen.

Meinem Mann bin ich schon auf der Tanzfläche aufgefallen, er weiß bis heute, was ich anhatte. Ich übrigens bei ihm auch.

Ein paar Tage später klingelte am Nachmittag in meinem kleinen Landkindergarten das blaue Telefon, damals noch mit Tasten und einem großen Hörer.

Ich weiß noch, dass ich meine Kleinen immer wieder gebeten habe, etwas leiser zu sein, damit ich die Stimme am anderen Ende richtig verstehen konnte.

Auf diese Stimme und diesen Mann warte ich jetzt in diesem Röntgeninstitut so sehnsüchtig, wie es sich nur wenige vorstellen können.

Dann endlich. Ich höre seine Stimme, wie er die Empfangsdame grüßt, und ich melde mich nur mit: Hier bin ich.

Er hat seine Uniform gegen seine schwarze Jeans und das dunkle Marco-Polo-T-Shirt getauscht. Als er auf mich zukommt und meint, was ist denn los, merke ich, dass unsere heile, schöne Welt gerade ganz kaputt ist.

Meine Finger zittern wieder so, dass mir das Schreiben schwerfällt. Neben mir steht die Glastasse mit Lavendeltee. Ich lehne mich zurück, trinke und lese mir die letzten Seiten einfach noch einmal durch.

Es schreibt sich einfach. Ich muss nicht nachdenken. Es ist noch ganz schwer zu verstehen, was in den letzten Tagen passiert ist. Die Geschichten von damals geben mir jedoch Kraft, an das Schöne und Gute zu glauben.

Ich will, nein, wir wollen noch viel gemeinsam erleben, haben wir uns erst gestern geschworen.

Ich stehe auf, hänge mich an seinen Arm und melde mich ab. Keine Ahnung, wie ich in diesem Moment ausgesehen habe, denn die Empfangsdame, von der ich nach der Untersuchung die Rechnung abholen sollte, meint nur: Ich schicke Sie Ihnen mit der Post.

Erst draußen vor der Tür bricht es aus mir heraus. In meiner rechten Brust hat man einen Tumor entdeckt, er ist groß, ich muss es abklären, eine MR machen, damit man mehr weiß.

Ich weiß nicht, wie er in diesem Augenblick ausgesehen hat, ich habe geradeaus gestarrt, mich zugleich tonnenschwer und schwebend wie auf einer Wolke gefühlt.
Man kann es sich nicht vorstellen.
Nur die, denen es so geht wie mir, die verstehen mich jetzt.

Wir setzen uns ins Auto und ich weiß nichts mehr. Ich weiß nur mehr, dass ich so unendlich froh war, dass er bei mir war.

Wir brauchen mehr Klarheit und machen uns auf in ein Röntgeninstitut ganz in der Nähe. Dort war ich heuer schon einmal, um meine Wirbelsäule untersuchen zu lassen, mit der ich schon Probleme hatte.

Eine MR-Untersuchung musste her. In diesem Institut sind kurze Termine möglich, warum auch immer. In Notsituationen wie in meiner vielleicht noch rascher.

Fünf Minuten später erreichen wir das Institut. Obwohl es laut Öffnungszeiten geöffnet haben sollte, stehen wir vor verschlossener Tür und dunklem Innenraum.

Mein Mann wählt die angegebene Nummer. Es läuft ein Band, das uns die Öffnungszeiten mitteilt, die aber ohnehin nicht stimmen.

Er kann es nicht glauben und probiert es noch einmal und noch einmal. Nichts. So ist es, wenn man wirklich jemanden braucht. Man ist allein, irgendwie verloren, fehl am Platz.

Wir sitzen im Auto und mein Mann überlegt, wie er mich beziehungsweise mein Auto nach Hause bekommt, da wir ja jetzt mit zwei unterwegs sind. Er mit seinem, in dem wir sitzen, und meines, das noch immer vor dem ersten Röntgeninstitut steht.

Die Jungs, irgendwie am Abend mit den Jungs. Dann sage ich plötzlich: Ich fahre selbst und du fährst hinter mir. Ich kann das, wenn ich weiß, dass du hinter mir bist.

So machen wir es dann auch. Ich fahre konzentriert und bin froh, nach circa fünfundzwanzig Minuten zu Hause zu sein.

Mein Mann öffnet die Haustür, ich ziehe noch Jacke und Schuhe aus und dann lasse ich mich auf das Wohnzimmersofa fallen. Egal wo meine Arbeitstasche ist, egal was immer. Ich ziehe die Decke über mich und beginne schrecklich zu heulen.

Mein Mann nimmt neben mir Platz, hält meine Hand und ich weiß, dass sich auch in seinen Augen unheimlicher Kummer und Tränen widerspiegeln.

Dann beginnt er wieder die Nummer des MR-Institutes zu wählen. Nichts. Ein Tonband mit einer Stimme, das einem die Öffnungszeiten mitteilt, die gar nicht stimmen.

Wir haben nicht ewig Zeit, obwohl alles momentan zeitlos erscheint. Er muss zurück in den Dienst. Seine Kollegen haben ihn vertreten, so wie er es jederzeit auch für einen anderen machen würde.

Ich sehe ihm das schlechte Gewissen an, mich allein lassen zu müssen, und ich weiß auch, dass ich damit umgehen kann. Eigentlich kann mir niemand helfen und ich will ohnehin nur noch in meiner Decke versinken und weinen.

Er küsst mich und geht aus dem Haus. Ich höre noch, wie er die Haustür absperrt und fährt.

Ich schließe die Augen und verstehe die Welt nicht mehr.

Ich weiß nicht genau, wie lange ich so dagelegen habe. Für mich eine Ewigkeit, in Wirklichkeit höchstens fünf bis zehn Minuten.

Das Handy neben mir schreckt mich auf. Eine lange, für mich unbekannte Nummer. Ich hebe ab.

Die Frauenärztin ist am anderen Ende zu hören. Sie teilt mir mit, dass sie vom Röntgeninstitut einen Befund übermittelt bekommen hat, der ... ich weiß den Wortlaut beim besten Willen nicht mehr.

Sie möchte mit mir sprechen.

Wann?

Ich komme sofort, bitte, mein Mann bringt mich zu Ihnen.

Ich merke, wenn ich diese Zeilen schreibe, wie sie mich aufwühlen, ich schreibe zu schnell, mache Fehler, die ich erst später entdecke, wenn ich die Zeilen ein zweites Mal lese.

Damit ist sie einverstanden und obwohl sie bereits freihat, bleibt sie für mich noch in der Ordination, erklärt sie mir.

Ich weiß noch, dass ich sofort nach Beendigung des Gespräches die Nummer meines Mannes gewählt habe.

Er hat umgedreht und war eben diese fünf bis zehn Minuten später wieder vor unserem Haus.

An die Fahrt kann ich mich nicht mehr erinnern. Wir haben auf dem gleichen Parkplatz geparkt, auf dem ich mein Auto einen Tag zuvor vor dem Besuch der Frauenärztin abstellte. Wir lösen den Parkschein, klemmen ihn hinter die Scheibe und eilen los.

Vorbei an der Gärtnerei, rechts, ein paar Parkplätze entlang, durch das Tor eines Gemäuers in den Arkadenhof, Treppen, Stiegen, ein paar Schritte geradeaus, die Tür links.

Es ist ganz still. Die Lichter sind aus und die Ärztin telefoniert noch gerade von der Stelle, wo normalerweise die Empfangsdame sitzt. Sie deutet mit der Hand in den Warteraum.

Ihre Ledertasche ist bereits an den Türrahmen der nächsten Tür gelehnt, ein Zeichen, dass sie wirklich nur mehr auf mich, auf uns gewartet hat.

Da sitzen wir auf diesen gelb und türkis gefärbten Sesseln mit und ohne Armlehne und starren auf die vielen Fotos von Babys und stillenden Müttern.

Dazwischen fällt mein Blick auf Broschüren, die zur Brustkrebsvorsorge mahnen und für Seminare werben, die das richtige Abtasten der Brust lehren sollen.

Sie lässt uns wirklich nicht lange warten, aber alles wird plötzlich zur Ewigkeit.

Durch meine Gedanken kreist eine zentrale Frage. Was hat der Röntgenarzt um Gottes willen gesehen, dass die Frauenärztin zwei Stunden später schon einen Bericht von ihm vorliegen hat? Was hat er gesehen, dass in der heutigen Zeit eine Ärztin nach ihrer Ordinationszeit noch in der Praxis bleibt, um mit mir diesen Befund zu besprechen?

Mehr Angst kann man nicht haben, man fühlt sich irgendwie wie narkotisiert, gelähmt.

Sie sieht ganz anders aus, als sie in das Wartezimmer auf uns zukommt. Sie hat ihr weißes Arztgewand bereits gegen ein Leinen-Trachten-Outfit mit langem engem Rock und geschnürtem Oberteil getauscht. Sie wirkt darin noch schlanker als in Weiß.

Sie setzt sich und hält diesen Befund in den Händen. Einen weißen Zettel in A4-Format, der so viel Ungewissheit und Angst über mich gebracht hat.

Mir wird während des Gespräches klar, dass in meiner rechten Brust oberhalb der Brustwarze ein circa drei Zentimeter großer Tumor gefunden worden ist, der mich auf BI5 katapultiert hat.

Ein Wert, bei dem das Risiko bei 90% liegt, dass etwas nicht in Ordnung ist.

Ich brauche eine schnelle Abklärung in einem der Krankenhäuser, die sie mir aufzählt.

Da sie die Ärzte im hiesigen Krankenhaus kennt, empfindet sie dieses als gute Wahl. Sie verschweigt mir aber auch nicht, dass die großen Krankenhäuser in der Hauptstadt natürlich bereits länger Brustgesundheitszentren haben.

Wir verlassen die Ordination mit der Vereinbarung, dass sie einen Termin für mich ausmacht im hiesigen Krankenhaus und mir gleich morgen Vormittag Bescheid gibt.

An diesem strahlend schönen Herbsttag fahren wir nun ein zweites Mal nach Hause. Mit schwerem Gepäck auf der Seele.

Zu Hause sitzt meine Mutter auf einer Holzbank hinter ihrem Haus. Dies ist zugleich in der Nähe der Garageneinfahrt vor unserem Haus.

Kurzum, sie sieht uns kommen und meint beim Aussteigen aus dem Auto nur: Hallo.

Obwohl ich den Gruß erwidere, sagt sie sofort: Passt eh alles?

Es sind die feinen Fühler einer Mutter, die einen kennt und liebt, ob man drei Jahre alt ist oder fünfzig wird. Es ist dieser innere Instinkt, der einen aufhorchen lässt.

Ich mag diese Bank. Sie liegt schön geschützt in der Sonne an der Holzwand des alten Hauses. Die Brombeerstaude daneben gibt im Herbst alles her, was sie nur aufbieten kann.

Große, dunkelrote Brombeeren, die ich gerne einfriere und später mit anderen Früchten mische und zu gesunden Smoothies verarbeite.

Ich schätze es sehr, das zu ernten, was die Natur so hergibt. Der grüne Daumen ist mir sozusagen in die Wiege gelegt.

Wenn die Herbstsonne so wie heute den ganzen Tag auf die Beeren scheint, geht ein besonderer Geruch von ihnen aus. Man kann ihn nicht wirklich beschreiben, und wenn doch, würde ich ihn mit überreif und süß bezeichnen. Die Wespen schauen, was für sie noch bereitsteht und surren ganz wild.

Sitzt man auf der Bank, so fällt der Blick automatisch auf meinen Garten, der hinter unserem Haus liegt. Zwei Häuser nahe beisammen und doch hat jeder sein eigenes Reich.

Alles im Garten ist schon auf die nächste Jahreszeit vorbereitet. Eine dicke Schicht von Grasschnitt bedeckt die Reihen, in denen im Frühling meine eigenen Kartoffeln, Zwiebel, Erdbeeren, Kräuter und vieles mehr zu wachsen beginnen.

Heuer war ich besonders früh dran, alles winterfest zu machen, nicht weil ich etwas geahnt habe, nein, ich hätte nie etwas geahnt, weil nichts anders war. Weder die Größe meiner Brust noch sah man Veränderungen und Schmerzen habe ich auch nicht verspürt.

Jetzt spüre ich sehr wohl etwas. Sie zieht und ich bin mir sicher, es sind die Nerven, die mir jetzt etwas vormachen und auch die Gedanken an das Gefährliche, Angstmachende darin.

Ich war bei meinem Garten früh dran, da mein Kuraufenthalt bevorstand und meine Mutter zwei Tage vor meinem Kur-Ende eine große OP vor sich hat, eine Schulterprothese. Danach wollte ich für sie da sein und mich nicht mehr mit Nichtigkeiten wie Gartenarbeit beschäftigen.

Die Gartenarbeit in den letzten warmen Herbsttagen zu beenden, ist mir ohnedies lieber als in den ersten kalten und nassen Novembertagen.

Da sitzt sie nun, meine Mutter, und findet es vielleicht ein wenig eigenartig, dass ich ihr nicht sofort eine Antwort auf die Frage: Passt eh alles? gegeben habe.

Ich warte noch auf meinen Mann und dann gehen wir die paar Meter zu ihr. Ich setze mich zu ihr auf die Holzbank und ich weiß heute den Wortlaut nicht mehr genau.

Es sind Worte mit einer Verzweiflung in meiner Stimme gewesen und ein leiser Aufschrei wie „Das darf doch nicht wahr sein" in ihrer Stimme.

Eine bleierne Müdigkeit liegt über mir.

Mein Mann fährt wieder in die Arbeit. Ich gehe ins Haus, nachdem ich auch das Herz meiner Mutter schwer und unendlich traurig gemacht habe.

Mein Blick aus dem Küchenfenster zeigt mir: Sie sitzt noch immer dort, ich weiß nicht, wie lange.

Sie sitzt dort mit ihrem Kummer, den ich ihr gerade zugefügt habe. Einem Kummer, den wir schon einmal durchleben mussten, der kein Happy End hatte und vor dem wir furchtbare Angst haben.

Es war ein anderer Tumor, an einer anderen Stelle bei meinem Vater.

Ich lege mich wieder ins Wohnzimmer, vergrabe mich abermals in die Decke und lasse meinen Gefühlen freien Lauf.

Das Gleiche wie ein paar Stunden zuvor, nur dass mein Mann diesmal nicht mehr umkehren muss und bis neunzehn Uhr im Dienst bleibt.

An diesem Tag brauche ich weder Essen noch Trinken. Ich spüre mich nicht mehr.

Mein jüngerer Sohn bleibt diese Nacht bei einer Freundin, er weiß ja noch von nichts, genauso wie unser älterer Sohn. So sind mein Mann und ich an diesem Abend und in dieser Nacht allein.

Wir liegen jeder in seinem Bett eng beieinander und halten uns an den Händen. In den vielen Jahren, in denen wir uns jetzt kennen und verheiratet sind, haben wir immer jeder in seinem Bett geschlafen.

Kuscheln ist die eine Sache, aber um gut schlafen zu können, braucht jeder von uns seinen Platz. Ich kann auf seinem Oberarm nicht wirklich schlafen und er nicht auf dem Rücken. Das hat unserer Beziehung nie einen Abbruch getan. Man braucht in einer Beziehung Nähe und Platz für sich selbst.

Wir schlafen in dieser Nacht nicht viel. Wir nicken ein und schrecken hoch. Ich weine, da ich das Ganze nicht glauben, nicht wahrhaben will.

Er drückt mich an sich und küsst mich und versucht Worte zu finden, die mich trösten, obwohl er selbst auch Trost brauchen würde, da auch bei ihm das Erlebte an diesem Tag Spuren hinterlässt.

Als Polizist ist er an vieles gewohnt, hat schon Schreckliches gesehen, musste Geschehenes übermitteln und sah in seiner langen Dienstzeit, wie Schicksale zuschlugen.

Nie nimmt er davon etwas mit nach Hause. Es ist sein Beruf und er kann damit umgehen, konnte es schon immer.

Seine Familie ist ihm sein wichtigstes Gut. Darum ist jetzt alles anders, auch bei ihm.

Momentan fällt mir das Schreiben schwer.

Die wildesten Gedanken treiben sich wieder durch mein Gehirn und ganz vorn, hinten oder irgendwo ist etwas, das mich hoffen lässt und mir eine Chance gibt.

Jetzt lege ich mich kurz auf das Sofa und decke mich zu. Brauche eine Pause. Ich verschränke jetzt im Liegen oft meine Arme und lege die linke Hand auf meinen Busen.

Er ist warm, weich und so wie immer. Mein Busen ist nicht groß, er ist klein. Mein Mann meint, optimal, und wenn er größer wäre, das weiß ich, würde er ihm auch gefallen.

Aus meiner Hosentasche ziehe ich noch ein Amulett aus Bolivien. Ein Geschenk einer Freundin, ein Glücksbringer.

Ich lege ihn direkt auf die Haut, direkt auf die Stelle über der rechten Brustwarze und lege meine Hand darauf und hoffe, dass vielleicht doch alles gut wird.

Normalerweise schlafe ich eine ganze Nacht durch. Meine Freundin beneidet mich immer darum. Für mich ist das ganz normal. Ich könnte auch noch den halben Tag verschlafen, weil ich oft müde bin. Aber seit gestern ist nichts mehr normal. Wir wälzen uns herum. Einmal schläft mein Mann, einmal ich, und dann merken wir wieder, dass wir beide wach sind und liegen still nebeneinander.

Mein Mann steht um 6:00 Uhr morgens auf und ich um 6:30 Uhr. Yoga lasse ich heute aus. Wäre heute ein Tag wie jeder andere, würde ich im Wohnzimmer meine grüne Yogamatte ausbreiten, die CD starten, die immer im CD-Player liegt, auf die Nummer zwei drücken. Die Viertelstunde Yoga mache ich, glaube ich, seit mehr als sechs Jahren. Sie tut mir für meine Wirbelsäule gut.

Vor sechzehn Jahren bin ich Anfang November die kleine Stiege zwischen unserem Haus und meinem Elternhaus hinaufgehastet, um im Glashaus meines Vaters etwas zu holen, vermutlich für das Mittagessen.

Beim Heruntergehen bin ich auf der doch schon leicht eisigen Stiege ausgerutscht und habe mir an der Wirbelsäule zwei Querfortsätze gebrochen.

Auch heute noch macht mir meine Wirbelsäule noch öfter zu schaffen und mein Beruf mit dem Sitzen auf so kleinen Sesseln tut vielleicht auch noch etwas dazu.

Ein wenig Sport, Rückenmuskeltraining und Yoga helfen mir dabei ganz gut.

Im Frühjahr habe ich einen Physiotherapeuten besucht, bereits bei der ersten Stunde hat er mich irgendwie gedreht, dass ich einen Knacks beim Drehen gehört habe.

Er hat mir einen Wirbel so verdreht, dass ich seit April Schmerzen habe. Nicht nur an der Stelle, sondern auch im Nacken, wo ich nie ein Problem hatte.

Darum war ich heuer bereits bei dem erwähnten MR-Institut, das sich übrigens, das möchte ich erwähnen, nie, nie gemeldet hat.

Auf mindestens vier, wenn nicht mehr Anrufe hin fand man es nicht der Mühe wert zurückzurufen. Ich will auch gar nicht wissen, ob das Band, das läuft, noch immer die verkehrten Öffnungszeiten erzählt.

In der Not lernt man auch dazu.

Ich möchte nicht dazulernen, ich möchte keine Not.

Darum auch der Kuraufenthalt. Mein Rücken und mein Nacken bereiten mir seit Monaten viel mehr Schmerzen als meine rechte Brust. Sie war so wie immer. Ein wenig fester vielleicht an einer Stelle. Ich werde in einem Monat fünfig Jahre. Der Wechsel.

Heute ist Freitag, ein Tag, nachdem man mir diese Botschaft übermittelt hat. Erst ein Tag danach. Ich kann es nicht fassen, die Zeit hat keine Bedeutung mehr.

Auf dem Weg zur Arbeit überlege ich noch immer, wie ich es sagen soll, ob ich es sagen soll, wem ich es sagen soll.

Gar niemanden möchte ich es sagen, ich möchte, dass es einfach nicht wahr ist, den gestrigen Tag ungeschehen machen.

Ganz schrecklich finde ich, dass alles normal ist. Der Weg zur Arbeit, der Frühverkehr, das Eintreffen im Kindergarten, die Gruppe.

Meine Arbeitskollegin sitzt bereits an einem Tisch mit ein paar Kindern. Ich grüße, lächle und möchte mich auflösen. Ich möchte jetzt schon weg und das, weil alles so normal, so wie immer ist.

Ich setze mich unter die erhöhte Puppenstube zu einem meiner Integrationskinder, die ich betreue.

Hier fühle ich mich wie in einem Versteck. Das Kind neben mir schüttet die weißen und roten Bohnen in die verschiedenen Gefäße, leert sie aus und füllt sie um.

Ich sitze daneben, lächle steif und lasse die kleinen Bohnen einfach zwischen meinen Fingern durchrieseln.

Wir sprechen nicht, das ist momentan gut, da ich krampfhaft überlege, wie ich es wem sagen soll.

Mein Integrationskind neben mir kann nicht sprechen.

Dann geht alles ganz schnell.

Ich stehe auf, gehe in die Gruppe der Leiterin und bitte sie, ins Büro zu kommen.

Ich setze mich auf den Sessel vor dem Schreibtisch, da ich mich schon wieder schwebend fühle. Sie kommt herein und meint gleich: Was ist denn?, da man mich so nicht kennt.

Ich erzähle ihr von meinem Tumor in meiner Brust. Sie kniet sich zu mir nieder, nimmt mich in den Arm, wir weinen. Ich, ich, ich. Ja, es dreht sich alles um mich, dabei wünsche ich mir diese zugeteilte Hauptrolle gar nicht.

Meiner Kollegin in der Gruppe muss ich es auch sagen und der Helferin in der Gruppe der Leiterin will ich es ebenfalls erzählen, da sich zwischen uns in der letzten Zeit eine so schöne Freundschaft entwickelt hat.

Wenige Minuten später wissen auch sie es. Ich löse das Gespräch auf, indem ich aufstehe und in die Gruppe gehe. Ich setze mich wieder zur Bohnenkiste, meine Kollegin setzt sich zum Tisch. Alles wie vorher.

Nach gefühlten zehn Minuten setze ich mich neben sie auf einen frei gewordenen kleinen Sessel.

Es kommt mir einfach so komisch vor, weil sie nichts sagt, tut, als ob nichts wäre.

Dann kommt es aus ihr heraus: Ich weiß einfach nicht, was ich sagen soll.

Es ist okay für mich. Jeder reagiert anders. Auch sie hat Tränen in den Augen.

Danach erzählt sie mir von ihren Schwestern, ich weiß davon und dass es beiden wieder gut geht.

Da ich an diesem Arbeitstag den Anruf der Frauenärztin nicht überhören darf, habe ich mich heute für eine Jeans und einen olivfarbigen Kapuzensweater entschieden, da der vorne eine Art Eingriffstasche hat. Darin steckt mein Handy.

Es ist extrem selten, dass ich das Handy in der Arbeit mit mir trage, um einen Anruf nicht zu überhören, ich kann mich nicht erinnern, es je gemacht zu haben, aber heute ist Ausnahmezustand.

Dann das Telefon. Obwohl ich damit gerechnet habe, schreckt es mich gewaltig. Wo soll ich hin?

In der Gruppe ist es zu laut, im Personalraum ist kaum ein Empfang und im Gang befinden sich noch Eltern, die die Kinder bringen. Es muss schnell gehen und ich öffne die Terrassentür und gehe auf die überdachte Terrasse hinaus.

Es ist die Frauenärztin. Während des Gesprächs gehe ich in die Hocke, ich fühle mich immer so leicht, so schwebend.

Der Termin ist in fünf Tagen im hiesigen Krankenhaus. Ich weiß nicht, warum ich dann noch einmal nach dem Krankenhaus in Linz zu fragen begonnen habe. Im Unterbewusstsein kam es vor einigen Wochen bei einem Gespräch mit ganz anderem Zusammenhang vor und sie hat es auch gestern beim Gespräch erwähnt, als es um Erfahrungswerte bei Brustkrebs gegangen ist.

Sie ist nicht ungehalten, im Gegenteil. Sie erklärt mir sachlich, dass die großen Spitäler schon mehr Erfahrungswerte haben, da dort schon länger Brustgesundheitszentren eingerichtet sind. Im hiesigen Spital gibt es das Zentrum für Brustvorsorge erst ungefähr drei Jahre.

In diesem Augenblick weiß ich es, ich habe mich entschieden. Für mich zählen die Erfahrung, die Kompetenz und nicht die Entfernung und wie oft man mich besuchen würde.

Ich habe eine Entscheidung getroffen und sie um einen Termin in Linz gebeten. Es dauert nicht lange, bis das Handy in meiner Brusttasche wieder läutet und sie mir den neuen Termin nennt.

Einen Tag früher, also in vier Tagen.

Als ich den Gruppenraum wieder betrete, sind viele im Raum. Die Leiterin, die Helferin der vorderen Gruppe, meine Kollegin und unsere Helferin. Man hat mir Lavendeltee gemacht und mir ein Briochekipferl besorgt.

Obwohl ich diese so gerne mag, ist es mir fast nicht möglich, einen Bissen hinunterzuschlucken.

Ich weine natürlich wieder einmal, weil mir so schrecklich zumute ist und weil alle so betroffen sind. Erst als ich den Blick eines meiner Integrationskinder sehe, das am Nebentisch spielt, wird mir klar: Ich muss ganz schnell aufhören, mich von meinen Tränen leiten zu lassen.

Die Diagnose des kleinen Jungen lautet Autismus-Spektrum-Störung und ich sehe in seinem verstörten durchdringenden Blick, dass die Situation, mich weinen zu sehen, sehr irritierend für ihn ist.

Kurz entschlossen wische ich meine Tränen ab und erkläre ihm, dass ich heute traurig bin, jetzt aber wieder alles vorbei ist und streichele ihm über die Wange.

Die Ärztin will noch, dass ich die CD vom Institut hole und die Überweisung von ihr.

Kurz nach zehn Uhr verabschiede ich mich in der Arbeit und mache mich auf den Weg.

Am Montag will ich wiederkommen.

Im Röntgeninstitut muss ich kurz Platz nehmen, bis man mir meine Sachen fertigmacht.

Da sitze ich wieder, so wie gestern, nur ein paar Sessel weiter vorn. Plötzlich setzt sich die Assistentin von gestern neben mich. Sie muss mich gesehen haben und vergessen hat sie mich nach den gestrigen Vorfällen wohl nicht.

Sie ist sehr persönlich in ihren Worten und meint auch noch einmal, wie unendlich leid ich ihr gestern getan habe. Danach sagt sie noch etwas sehr Nettes, ich kann mich an den Wortlaut nicht mehr erinnern, ich weiß nur, dass mir ein Lächeln übers Gesicht gehuscht ist und sie meint, sie wünsche sich, dass ich eines Tages wieder hier sitze und dieses Lächeln im Gesicht habe, wenn sie eine der Türen öffnet.

Bei solchen Worten von einer mir fast fremden Person drückt es mir wieder die Tränen in die Augen.

Danach fahre ich zur Frauenärztin. Die Überweisung liegt bereit und die Dame vom Empfang meint: Sie sind die Frau … Meine Mutter hatte auch B15, sie musste operiert werden und jetzt geht es ihr seit vielen Jahren wieder gut.

In meiner Situation hört man dies im Hintergrund und speichert es vermutlich irgendwo ab. Auch die Ärztin kommt noch auf mich zu und wechselt ein paar Worte. Sehr sachlich, ohne große Versprechungen, Hoffnungen oder auch Ängste zu machen, was auch mehr als richtig ist.

Natürlich möchte ich von ihr ganz etwas anderes hören, ich habe auch gestern etwas ganz anderes hören wollen.

Man würde sich an jeden kleinen Funken Positives hängen. Jetzt braucht man eine klare Abklärung, danach kann man reagieren. Mein Verstand sagt irgendwie ja, mein Inneres schreit lautlos.

Mein dritter Weg führt mich in meinen Heimatort zum Hausarzt. Ich brauche jemanden, der mir weiterhilft. Die OP meiner Mutter in drei Wochen und jetzt bin auch noch ich keine Hilfe mehr. Die ganze letzte Zeit habe ich organisiert, wie alles vonstatten gehen soll, wenn ich auf der Kur bin und meine Mutter im Krankenhaus ist.

Das Szenario meine Mutter im Krankenhaus und ich gleichzeitig in einem anderen Krankenhaus habe ich nicht ahnen können.
Jetzt habe ich keine Ideen mehr, ich fühle mich unfähig zu denken.

Der Warteraum ist voll. Ich setze mich neben einen Mann in der Hoffnung, dass Männer weniger reden, und ich will bestimmt nicht reden.
Er hält sein Versprechen, ohne es zu wissen. Leider ist später eine Bekannte gekommen, die ich früher auch gerne mochte. Dinge ändern sich und sie erzählt mir von ihren Problemen.
Bereits seit zwei Wochen hat sie eine Erkältung. Schwer zu ertragen für mich in meiner Situation.
Ich halte es aus.

Als ich das Sprechzimmer meines Hausarztes betrete und ihm eine Kopie meiner Diagnose zeige, rollt er mit seinem Sessel etwas vom Schreibtisch weg, legt seine Hände verschränkt hinter seinen Hinterkopf und meint: Rechnen Sie mit einer Operation. Man kann heute schon so vieles auf diesem Gebiet machen. Seien Sie zuversichtlich.
Und meine Mutter?
Vielleicht kann man die Schulteroperation auch verschieben. Ich entgegne: Aber sie hat doch auch oft solche Schmerzen!
Er meint, ich weiß, aber Sie dürfen auf keinen Fall etwas verschieben. Seine Frage, ob ich in der Arbeit bin, bejahe ich.
Meinen Allgemeinzustand empfindet er vermutlich als am Limit, ich werde krankgeschrieben.
Zu Hause lasse ich mich wieder auf die Wohnzimmercouch fallen. Ich kann nicht mehr.

Mein Mann hat Dienst. Ich will es heute den Jungs sagen. Unsere Söhne sind vierundzwanzig und sechsundzwanzig.
Am Abend will ich mich mit ihnen zusammensetzen. Wir vier, die Urfamilie, wie ich sie oft nenne – und ich will ihnen von meiner Last erzählen.

Zuerst wähle ich die Handynummer unseres Großen. Ich weiß, er ist noch in der Arbeit, und ich versuche sehr ruhig und besonnen zu fragen, ob er heute am Abend zu Hause vorbeischauen könnte. Keine Tränen kommen mir in diesem Moment und auch meine Stimme ist für mich normal und kippt nicht. Ich kann sehr stark und besonnen sein, wenn ich es mir fest vornehme. Meistens, glaube ich jedenfalls.

Meine Sätze sind fertig gesprochen, als er mit angsterfüllter Stimme fragt: Mama, was ist denn los?

Ich erzähle es euch am Abend.

Mama, ich halte das nicht aus, ich komme nach Hause, jetzt.

Eine halbe Stunde später ist er bei mir. Eigentlich habe ich es meinen beiden Söhnen gleichzeitig erzählen wollen, auf einmal, vielleicht, weil es so schwer über meine Lippen kommt, nur einmal.

Jetzt nehme ich die Situation so, wie sie ist. Ich habe inzwischen meinen jüngeren Sohn angerufen und ihn gebeten, heute um neunzehn Uhr dreißig zu Hause zu sein, da ich ihm etwas erzählen muss.

Er ist ernst am Telefon und meint: Okay.

Da sitze ich nun mit meinem Großen am Küchentisch in unserer neuen Küche. Alles ist so schön, so gewohnt wie immer. Sogar die Sonne schickt ihr ganzes Licht in meine helle, neue, sonnendurchflutete Küche.

Wir Vier.
15 September 2017

Meine Worte an mein Kind aber sind so schwer, belastend, von Angst und Kummer erfüllt, dass ich mich schäme, ihm das antun zu müssen.
Er, der gerade so glücklich die ersten Hochzeitsvorbereitungen für das nächste Jahr plant.
Nachdem ich fertig erzählt habe, sitzen wir stumm nebeneinander. Er hält meine Hände und weint.
Keine Ahnung wie lange, denn Zeit wird in solchen Situationen zeitlos. Irgendwann beginnt man dann wieder zu reden.
Wir hören auf einmal, wie die Haustür aufgesperrt wird. Es ist erst halb fünf. Auch mein jüngerer Sohn hat instinktiv gespürt, dass nicht alles so ist, wie es hätte sein sollen, und ist sofort nach der Arbeit nach Hause gekommen.
Auch ihn treffen meine Worte hart und auch seine Augen glänzen und spiegeln den Kummer wider, den ich ihnen nun aufgelastet habe.
Da sitze ich mit meinen zwei Jungs. An jeder Hand hält mich einer fest. Ich liebe sie aus ganzen Herzen, so innig, wie vielleicht nur wenige, sehr emotionale und besonders feinfühlige Menschen ihre Kinder lieben können.

Das zu schreiben, was ich unmittelbar erlebe, tut mir gut und weh zugleich. Es fällt mir so leicht, meine Gedanken in schwarze Buchstaben auf das Papier zu bringen. Das Wort „leicht" zum Beispiel wirkt momentan wie ein Fremdkörper auf diesem Papier, denn leicht ist gar nichts.
Alles ist trostlos, zeitlos, aber nicht sinnlos. Sinnlos nicht, weil ich meine drei Männer habe, die ich so liebe. Aber alles ist so schwer. So schwer zu ertragen, so schwer zu verstehen.
Leicht ist eben für mich nur, das Erlebte in Worte zu bringen. Ich weine manchmal, wenn ich gewisse Dinge schildere, weil sie so nahe, so gerade erlebt sind. Ich weine, wenn ich mir später das Geschriebene durchlese und mich manche Zeilen ganz emotional treffen.
Aber es tut mir gut und manchmal mache ich einen Bogen um das gerade Erlebte und schreibe von Vergangenem. Dann spüre ich so viel Schönes in mir.
Für mich ist das Schreiben momentan ein Von-der-Seele-schreiben. Eine selbst verordnete Therapie, die Zeit vergehen zu lassen. Eine Angst-Bewältigung, wenn ich allein bin.

In der Hauptschule hatte ich in Deutsch einen Lehrer, der meine Aufsätze sehr gut fand. Meist fiel mir zu einem Schularbeiten-Thema so viel ein, dass ich gerade mit dem Schreiben fertig war, wenn es Zeit war, die Arbeit abzugeben. Zum Durchlesen fehlte mir meist die Zeit und so waren Rechtschreibfehler meine größte Schwäche.

Dieser Lehrer legte aber nicht den gesamten Schwerpunkt auf die Rechtschreibung, sondern für ihn war damals schon wichtig, dass es bei einer Deutsch-Schularbeit und bei Aufsätzen auf mehrere Komponenten ankommt und man die Kreativität eines Menschen nicht ihm Keim erdrücken darf.

Ich bin ihm sehr dankbar. Im Nachhinein vielleicht sogar noch mehr, als ich es damals verstanden habe. Danke, Herr L.

In der BAKIP, Bundeslehranstalt für Kindergartenpädagogik, so hieß die korrekte Bezeichnung damals, schaute es dann ganz anders aus. Dem Herrn Professor, den ich gleich in den ersten beiden Jahren bekam, war es egal, wie die Worte aneinandergereiht waren, Hauptsache keine grammatikalischen Fauxpas.

Ich musste mich schleunigst ändern, um meine guten Deutschnoten zu behalten. Ein Herr Professor behält natürlich seine Linie.

Im Nachhinein schrecklich, was man kreativen Menschen antut. Leider gibt es so viele von diesen Typen. Erst in den weiteren Klassen war mir wieder ein junger dynamischer Deutschprofessor vergönnt, aber da hatten meine Erfahrungen schon Spuren hinterlassen und ich hatte die Prioritäten verstanden, um gute Noten zu erzielen.

Weniger Gefühl, viel Sachlichkeit und eine korrekte Zeiteinteilung, um Rechtschreibfehler zu vermeiden.

Erst neunzehn Jahre später, ich habe gerade nachgeschaut, begann ich wieder mit dem Schreiben.

Es war im Jahr 2005 bei einem Urlaub in Schweden. Mein Mann und unsere damals noch jungen Buben, sie waren elf und dreizehn, fuhren mit dem Auto nach Schweden, da wir ihnen nicht nur den Süden, sondern auch einmal den Norden als Urlaubsland zeigen wollten.

Wir wohnten in einem kitschig kleinen Haus an einem See mit weißen und gelben Seerosen in der Gegend, in der auch Astrid Lindgren gelebt hatte.

Eine Ortschaft mit zwei Häusern und dann ewig weit nichts. Auch der See war für die Gegend ganz normal und nichts Besonderes. Für uns schon, denn nachdem wir das Wasser am ersten Tag aus unserem Holzboot entfernt hatten, drehten wir vier fast jeden Vormittag eine Runde.

Die Kinder genossen es, zu rudern und sich anzustrengen. Mein Mann genoss es, nicht rudern zu müssen und nur die Richtung manchmal leicht zu korrigieren, und ich genoss es, gerudert zu werden und meinen Blick über dieses Seerosenparadies gleiten zu lassen.

Der Reiseplaner in unserer Familie bin ich. Ich liebe es, Reisen individuell zusammenzustellen. Die Neugierde und die Vorfreude auf ein neues Land sind für mich so wichtig wie der Urlaub selbst.

Wenn wir am Abend, nach unseren Tagesausflügen, zurück in unsere Stuga kamen, so nennt man diese schwedischen Häuser, gab es ein sehr einfaches Programm. Zuerst kochen, saubermachen und danach abwechselnd etwas Gemeinschaftliches oder jeder beschäftigte sich selbst mit etwas. Ich begann, die vielen Erlebnisse und Eindrücke, die wir täglich hatten, aufzuschreiben.

Ich beschrieb die Landschaft, die unendliche Weite, die Schauplätze der Astrid-Lindgren-Filme, die wir erleben durften, und die gemütlichen Abende in unseren Häuschen.

Im Nachhinein und noch Jahre später ist es wunderschön, diese Zeilen zu lesen. Ich schreibe sie auch nicht zu Hause schön, nein, ich mag meine kritzelige Schrift, wenn ich kaum Zeit zum Schreiben finde, und sehe die Ruhe in den Zeilen, wenn ich entspannt und ohne jede Hast bin.

Ich habe dies dann öfter gemacht.

2012 zum Beispiel fuhr ich mit meinem Mann zu unserem zwanzigsten Hochzeitstag auf eine Nordfrieseninsel. Da ich mir nicht so lange frei nehmen konnte und wir Zeit sparen wollten, fuhren wir nicht mit dem Nachtreisezug in Richtung Hamburg und Nordseeküste, sondern wählten eine Verbindung, die uns schon beim Morgengrauen die Küste erreichen ließ. So waren wir mit der ersten Fähre um zehn Uhr bereits am Ziel.

Der Haken an der Sache war: Wir hatten eine Fahrzeit von vier Uhr nachmittags bis acht Uhr morgens.

Sechzehn Stunden mit ungefähr achtmal umsteigen. Schlafen war nicht drin, denn da hätte ich irgendwo das Umsteigen verpasst. Und der Reiseleiter bin, wie erwähnt, immer ich.

Also schrieb ich. Ich schrieb über die Menschen im Abteil, die vorbeiziehende Landschaft und auch darüber, wie die Züge zuerst voll besetzt und allmählich zu später Stunde menschenleer werden. Wie die Nacht den Zug durch das schwarze Nichts brausen lässt, ein entgegenkommender Zug nur wie ein kurzer Lichtkegel erscheint und wie langsam und beruhigend schön ein neuer Tag erwacht.

Als mein Vater 2011 an Krebs gestorben ist, habe ich auch geschrieben. Ich wollte etwas Besonderes für ihn. Er war so ein braver, ruhiger Mensch. Ich fand damals Worte, die ich heute noch fast wortgleich wiedergeben könnte, weil sie so aus meinem Innersten kamen. Ich weiß noch, dass unser Pfarrer zu mir sagte, dass sie unendlich schön und ergreifend sind und er nicht glaubt, dass ich sie vor allen Menschen in der Kirche in meiner Situation und auf dem Lesepult neben dem Sarg vorlesen kann.

Wenn ich weiß, dass ich stark sein will, bin ich es auch.

Ich habe es getan, ich habe die Worte nicht vorgelesen, ich habe sie erzählt, die Geschichte über das Sterben, über die Angst zu sterben und den Weg hinauf in den Himmel. Über die Köpfe der Leute hinweg.

Die Leute in der Kirche haben anscheinend alle geweint, hat man mir später erzählt, und manche kamen auf mich zu und haben gemeint, so etwas würden sie sich auch einmal wünschen.

Sie waren aber nur für ihn, ein letztes Dankeschön für einen Menschen, der nie besonders aufgefallen ist und doch der beste Ehemann und Vater war, den man sich vorstellen kann.

Vermutlich kann ich berühren mit meinen Worten. Vermutlich würde ich auch mit den Worten, die ich jetzt schreibe, berühren, da wir so viele sind.

So viele, die wie ich die gleiche Angst haben und warten müssen, was die nächste Untersuchung ans Tageslicht bringt.

Es ist erst Samstag. Erst zwei Tage sind vergangen, seit das Wort tumorös mein Leben und das meiner Familie so jäh verändert hat.

Die Zeit ist einfach nicht mehr so wie vorher, sie kriecht, sie vergeht nicht, sie bleibt fast stehen. Heute wären wir mit Freunden in die Krumau gefahren. Wir haben abgesagt, mein Mann hat es gemacht, denn ich konnte es nicht, genauso wenig wie ich jetzt irgendwohin fahren könnte, obwohl ich es sonst, im normalen Leben, so gerne mache.

Unsere Freunde sind sehr betroffen gewesen und haben mir ausrichten lassen, ich soll hoffen, es gibt auch gutartige Tumore. Ich soll die Hoffnung nicht gleich aufgeben und sie würden fest an mich denken.

Danach fahren wir zu meiner Schwiegermutter. Sie wohnt im gleichen Ort und ich wollte es ihr sagen, bevor wir am Montag alle beisammensitzen. Unser Großer hat in zwei Tagen Geburtstag. Er hat natürlich alles absagen wollen, als er gestern diese Botschaft von mir bekommen hat, aber ich will komischerweise mit meiner Familie diesen Geburtstag feiern, vielleicht gar nicht unbedingt feiern, ich will einfach, dass wir beisammen sind.

Mein erster Gedanke ist eigentlich gewesen: Ich sage es meiner Schwiegermutter nicht, dann kann sie es nicht gleich wieder allen – damit meine ich meine zwei Schwägerinnen und Schwager – weitererzählen, was sie sonst gerne macht.
Es fühlt sich aber für mich trotzdem nicht richtig an.
Sie ist in all den Jahren eine brave Schwiegermutter gewesen und ich vergesse nicht, dass sie viel für mich gemacht hat. Ich für sie genauso. Gegenseitigkeit einfach.
Außerdem habe ich mir vorgenommen, ihr zu sagen, sie soll die für mich so schwere Nachricht einfach noch ein paar Tage für sich behalten.
Ich habe noch immer die Hoffnung, es niemandem sagen zu müssen, da alles gut ausgeht für mich. Wenn nicht, aber diesen Gedanken will ich nicht fertig denken, würde ich es auch meiner Verwandtschaft sagen, da ich sie erst vor einer Woche zu meiner 50er-Feier eingeladen habe.
Wir setzen uns bei ihr an den Wohnzimmertisch. Ich bekomme wieder weiche Knie, zittere beim Reden und weine, als ich es geschafft habe, die schweren Worte über meine Lippen zu bringen.

Sie wirkt betroffen und beginnt wenig später davon zu erzählen, dass sie sich eine neue Steppdecke gekauft hat.

Montag, 2. Oktober
Kurz bevor wir um 16:30 Uhr zu unserem Sohn und meiner Fast-Schwiegertochter fahren, läutet es an der Haustür. Ich erwarte niemanden, erkenne aber sofort das silberne Auto. Es ist die Helferin aus der anderen Gruppe im Kindergarten, die ich viele Seiten vorher bereits erwähnt habe. Sie ist mir in den letzten Monaten zu einer besonderen Freundin geworden und so möchte ich sie ab jetzt auch bezeichnen.

Ich öffne die Tür, heule, sie schlingt ihre Arme um mich und gibt mir einen Glücksbringer für morgen. Er soll mich beschützen. Sie war heuer mit ihrem Mann vier Wochen in Südamerika auf Urlaub und in Bolivien hat sie dieses Amulett von einer alten Frau mit den Worten „Luck, luck, luck" bekommen.
Sie hat all ihre Wünsche für mich dazu gepackt und jetzt gehört es mir.

So schnell, wie sie gekommen ist, ist sie auch wieder weg, nur ich habe jetzt einen Glücksbringer in meiner rechten Hosentasche, der auf mich aufpassen soll.

Das Zusammensein am Abend bei unserem Sohn ist schön gewesen, ja, wirklich schön. Ich habe mit all meinen Lieben zusammengesessen.

Wir nehmen meine Mama auf der Fahrt mit und meine Schwiegermutter auch. Meine Schwiegermutter verliert kein Wort mehr über das, was ich ihr gestern unter Tränen erzählt habe.

Ich weiß, ich könnte so nicht reagieren. Es tut mir weh.

Heute vor sechsundzwanzig Jahren kam unser Großer auf die Welt. Um 10:55 Uhr. Einen Monat zu früh, 47 cm groß, 3005 g schwer, kerngesund und wunderbar.

Sechsundzwanzig Jahre später ist er 1,84 m groß, ein feiner Kerl, der seine Mama während dieses Abends oft ansieht und mich beim Abschied in die Arme schließt und mir ins Ohr flüstert: Das schaffen wir, Mami, das schaffen wir.

Auch meine Schwiegermutter wünscht mir beim Aussteigen für morgen noch alles Gute und wir sollen ihr Bescheid geben.
Erst als ich wieder zu Hause bin, merke ich, jetzt kommt wieder die Angst in mir hoch. Morgen muss ich nach Linz, morgen muss ich zur Stechbiopsie.

Dienstag, 3. Oktober
Es regnet in Strömen und der Verkehr nach Linz ist enorm. Wir verlassen uns auf unser Navi, das uns über Marchtrenk lotst, um den Stau zu umfahren. Die Zeit wird fast knapp aufgrund der Verkehrssituation. Mein Mann schafft alles ohne mich, ich bin ihm keine Hilfe.
Ich drehe sogar die Musik auf, was ich sonst nie mache, da ich die Ruhe mag, aber mir fallen die Worte meines jüngeren Sohnes ein, der schon oft zu mir gesagt hat: Wie kann man es nur so ruhig haben wollen, da fühlt man sich ja schon gestorben. Ich will mich nicht gestorben fühlen, darum drehe ich die Musik auf und ich weiß, meinem Mann tut die Ablenkung trotz Autofahrt auch gut. Ich würde alles für ihn tun, so sehr liebe ich ihn, auch nach so vielen Jahren noch.

Wir kommen auf einer uns unbekannten Straße nach Linz. Wir sind angespannt. Die Situation, die Zeit, der Verkehr.
Das Navi bringt uns ans Ziel, zur Parkgarage neben dem Krankenhaus. Wir eilen hinein zur Aufnahme und werden zum Röntgenbereich geschickt, um die CD überspielen zu lassen, die ich vom Röntgeninstitut zu Hause mitbekommen habe. Ich unterzeichne eine Vollmacht, damit die Infos der Untersuchungen auch an meine Frauenärztin und meinen Hausarzt übermittelt werden dürfen.
Dann nehmen wir in der Brustambulanz Platz.
Schwerelos, zeitlos.
Wir müssen länger warten, aber ein Schild auf der Tür bittet um Geduld, da oft mehr Zeit gebraucht wird, um die Patientinnen gut

aufklären zu können. Das versteht man und akzeptiert es selbstverständlich.

Mein Blick bleibt während des Wartens immer auf einem Bild einer Selbsthilfegruppe hängen. Darauf sind Frauen zu sehen, die bestimmt alle bereits etwas älter sind als ich, mit rosefarbigen T-Shirts und einem unbeugsamen, selbstbewussten Lächeln.
Rosa, die Farbe von Brustkrebs. Rosa war für mich bis jetzt immer die Lieblingsfarbe der Mädchen im Kindergarten. Rosa, die Farbe hat für mich in dem Moment eine andere Bedeutung bekommen.

Die Assistentin, die mir circa eine halbe Stunde später, als mein Termin war, die Türe öffnet, bittet mich in den Raum.
Ich setze mich kurz. Der Arzt fragt mich ein paar Dinge wie, warum ich zur Frauenärztin gegangen bin, ob ich Schmerzen habe, ob es Krebsfälle in der Familie gibt und wann eben genau meine Tage das letzte Mal waren. Vermutlich sind es sogar noch einige Fragen mehr.
Danach muss ich meinen Oberkörper freimachen und mich auf dem Rücken auf die Untersuchungsliege legen.
Der Arzt setzt sich daneben, sieht sich meine rechte Brust im Ultraschallgerät an, desinfiziert dann eine Stelle seitlich und gibt mir eine örtliche Betäubung. Danach wird mir das Gerät für die Biopsie gezeigt. Irgendwie wie diese langen Feuerzeuge, die einen Abzug wie eine Pistole haben und eben vorne mit einer langen, dickeren Nadel darauf.
Man erklärt mir auch noch das Geräusch, um mich nicht zu erschrecken. Ein lauteres Schnalzen.
Das Ganze ist zum Aushalten. Für den Arzt ist es wichtig, dass die beiden Proben absinken, so seine Worte. Danach werde ich gesäubert und verbunden und darf mich anziehen.

Er will noch einmal wissen, wann ich genau das letzte Mal bei der Mammographie war. Vermutlich kann er es auch nicht glauben, dass es 2014 war und man rechts überhaupt nichts gesehen hatte und im März 2015 noch einmal, weil in der linken Brust damals kleine Zysten zu sehen waren und man noch einmal in einem kürzeren Abstand kontrollieren wollte.
Rechts war alles in Ordnung, damals.

In einer Woche soll ich wiederkommen und eine Nacht hierbleiben, da er eine PET-Untersuchung durchführen will.

Wir fahren nach Hause und bereits im Auto, neben meinem Mann, fühle ich mich wieder geborgen und beschützt.
Auf dem Nachhauseweg legen wir noch einen Stopp ein und essen zu Mittag. Mein Mann isst gerne zur Mittagszeit. Heute ist es schon viel später. Er hätte bestimmt nichts gesagt. Wir kennen uns auch ohne Worte. Es war mein Vorschlag. Auch ich habe Hunger. Manchmal wundere ich mich über mich selbst, wie man in meiner Situation überhaupt noch hungrig sein kann. Aber ich habe in den ersten zwei Tagen bereits unbewusst zwei Kilo abgenommen und es ist nicht mein Ziel, jetzt schon abzumagern, da ich ohnehin nicht dick bin.

Zu Hause lege ich mich wieder in meine Kummerecke, auf die Wohnzimmer-Couch. Ich glaube, ich habe tief und fest geschlafen, denn ich hatte auch die ganze letzte Nacht nicht geschlafen.

Mein Mann liegt neben mir. Unsere Hände berühren sich. Als die Tränen beim Aufwachen wieder ganz heftig werden, beruhigt und küsst er mich. Ich liebe ihn.

Die nächsten Tage sind meinen Gedanken entglitten.

Ich weiß, dass ich versucht habe, im Haus alles sauber zu machen, damit, was auch immer auf mich zukommt, mein Mann nicht so viel Arbeit bekommt.

Ich habe Staub gewischt, einige Blumenstöcke im Wintergarten weggeworfen, die mir nicht so wichtig sind. Habe die Handtücher im Bad gewaschen und die letzten Weintrauben von den Reben der Terrasse geschnitten, da mich das laute Krächzen und Streiten der Vögel genervt hat.

An den Tagen, an denen mein Mann dienstfrei hatte, haben wir die Plastikwannen in meiner Waschküche mit Zetteln bestückt. Darauf habe ich ihm die Waschanleitungen notiert.

Die ersten Waschmaschinen voll Wäsche hat er dann bereits selbst gewaschen. Immer hatte jeder von uns seine Aufgaben im Haushalt. Wir haben einander immer geholfen seit so vielen Jahren, aber es gibt Tätigkeiten, die ich mache und solche, die er erledigt.

In den zwanzig Jahren, die wir in unserem Haus leben, habe ich zum Beispiel noch nie die Eier im Kühlschrank aufgefüllt oder mich darum gekümmert, dass in jeder von unseren beiden Toiletten genügend WC-Papier ist.

Ich fahre auch seit zwanzig Jahren mit immer genügend Sprit im Auto, obwohl ich äußerst selten tanke. Wäsche waschen und kochen sind mein Part. Ich weiß trotzdem – wenn ich einmal nicht zu Hause wäre, er würde es können.

Als ich ihn nun so in der Waschküche sehe und merke, er könnte es auch ohne mich, beginne ich furchtbar zu weinen.

Unser Großer kommt öfter nach der Arbeit vorbei. Manchmal mit seiner Freundin, jetzt muss ich eigentlich schon Verlobten sagen, manchmal allein.

Die beiden haben sich heuer bei ihrem Amerika-Urlaub verlobt. Ganz romantisch an der Westküste. Ich habe echt Glück mit meiner baldigen Schwiegertochter.

Auch unser jüngerer Sohn setzt sich nach der Arbeit öfter als sonst zu uns am Abend ins Wohnzimmer.

Manche Abende verbringt er noch länger allein in der Werkstatt und kann plötzlich meinen Mann bei den Restaurierungsarbeiten nicht mehr brauchen. Die beiden erwecken einen vierzig Jahre alten VW Golf GTI wieder zum Leben. Unser Sohn kennt sich dabei fachlich aus und für meinen Mann bleiben die niedrigen Tätigkeiten wie Schleifen. Aber es ist sein Traum und es ist ihr Vater-Sohn-Projekt.

Die letzten Tage hat es plötzlich lauter Tätigkeiten gegeben, bei denen mein Mann nicht helfen kann, und ich kapiere, er will, dass sein Daddy bei mir ist.

Ich merke, dass es an mir liegt, die Stimmung nicht immer auf Kellerniveau zu halten. Ich bemühe mich.

Mein Mann verzichtet auf eine Feier am Polizeiposten und kommt zu mir nach Hause. Langsam merken die ersten Kollegen bei ihm in der Arbeit, dass etwas an ihm anders ist.

Jeden Tag kommt auch meine Mutter zu mir oder ich zu ihr. Nicht für Stunden, nein, einfach nur ein wenig. Ist mein Mann zu Hause, macht sie sich rarer, dann weiß sie, ich bin nicht allein.

Auch einige meiner Kolleginnen von der Arbeit schreiben mir WhatsApp-Nachrichten.

Eine Woche ist endlich vergangen und die fertig gepackte Tasche für den einen Tag im Krankenhaus steht im Vorhaus. Die Anspannung wird wieder immer größer. Mein Mann hat auch noch Nachtdienst und ich bitte unseren jüngeren Sohn, heute zu Hause zu übernachten. Ich will nicht ganz allein sein. Die Dunkelheit macht mir zur Zeit Angst, das Alleinsein in der Nacht auch.

Meine Söhne, meine Mutter und einige Kolleginnen wünschen mir noch viel Glück für morgen. Sie wissen es, da ich krankgeschrieben bin. Ansonsten hat von meiner schrecklichen Situation keiner meiner Freunde eine Ahnung.

Meine Schwiegermutter weiß es auch. Sie hat sich aber nicht einmal bei mir gemeldet. Kein kurzer Besuch, kein Anruf.

Ich kann sie nicht verstehen, da wir uns in all den Jahren immer gut verstanden haben und es nie einen Streit gab. Sie ignoriert mich und meine Situation einfach.

Aber ich habe ohnehin andere Ängste und Sorgen.

Dienstag, 10. Oktober
Um 12:00 Uhr muss ich in Linz sein, also fahren wir um 10:10 Uhr zu Hause weg. Normalerweise braucht man für diese Strecke eine Stunde.

Man kann es nicht glauben, aber die Autobahnauffahrt, so das Navi, ist gesperrt. So drehen wir um und nehmen die Bundesstraße. Ein Tunnel wird in der nächsten Stadt gerade gereinigt und ist auch gesperrt, und kurz vor Linz zeigt es uns einen Stau an.

Also, wieder der gleiche Nervenkitzel wie eine Woche zuvor. Diesen unnötigen Nervenstress wollen wir eigentlich vermeiden mit unserer frühen Abfahrt, aber es soll nicht sein.

Kurz zweifele ich daran, ob es die richtige Entscheidung gewesen ist, mir ein Krankenhaus in dieser Entfernung auszusuchen und meinen Mann diesem wöchentlichen Stress auszusetzen, aber für mich fühlt es sich noch immer richtig an.

Wir kommen wieder pünktlich, obwohl wir durch die Innenstadt über Straßen und durch Stadtteile gelotst worden sind, die uns bisher fremd waren.

Im Krankenhaus weiß man noch nicht gleich, wohin mit uns, mit mir. Die Dame am Empfang telefoniert kurz und dann schickt man mich nicht in die Brustambulanz, sondern in den zweiten Stock, Chirurgie. Wenn ich solche Worte schon lese …
Dort ist man sehr freundlich. Man bietet mir zu essen und zu trinken an, aber ich hätte keinen Bissen schlucken können, und man bittet uns, im Wartebereich zu warten, mit den Worten, der Arzt sei noch im OP.

Gleich darauf muss ich einen Operationsfragebogen ausfüllen, den ich nach meiner entsetzten Frage, warum jetzt schon, erklärt bekomme.
Wir warten und warten. Uns gegenüber sitzt ein älteres Paar ausländischer Herkunft, das sich im Fernseher die Wahldiskussion zwischen zwei Kandidaten ansieht. Mir ist nicht nach Schauen. Ich höre nur die Stimmen von Herrn Strache und Herrn Kern im Hintergrund. Nicht einmal die Stimme des Moderators höre ich.
Als etwa eine Stunde nach meinem Termin verstrichen ist, frage ich nach, ob ich hier schon an der richtigen Stelle sitze.
Nach einem kurzen Telefonat der Schwester am Schalter meint sie freundlich: Ja. Man muss nur noch auf den Arzt warten.

Ich glaube, es ist 13:30 Uhr oder etwas später, als man mir mein Zimmer zeigt. Ich fühle mich etwas verloren, da ich zwar einen Termin für zwölf Uhr hatte, aber um kurz vor 14:00 Uhr noch immer niemand für mich Zeit hat.
Mein Mann ist bei mir, Gott sei Dank. Dann kommt eine junge Assistenzärztin zu uns. Wir setzen uns und meine Nervosität ist so stark, dass ich eigentlich nichts mehr spüre.
Zuerst stellt sie mir Fragen wie: Haben Sie in den letzten Monaten stark abgenommen oder haben Sie einen starken Leistungsabfall bemerkt?
Nein, habe ich nicht. Ich bin, seit ich zwanzig Jahre bin, immer ungefähr gleich schwer. Wenn ich eine gewisse Zahl erreiche, mache ich ernst und esse weniger, ansonsten bin ich eine Feinschmeckerin und Genießerin. Bei Süßem bin ich sehr heikel, es darf nicht zu süß sein.

Auf dem Johannesweg im Mühlviertel
August 2017

Eine Schokolade, die in der Mischfarbe aus Rot und Blau verpackt ist, juckt mich in der Speisekammer überhaupt nicht. Kleinen Schokoladentäfelchen aus der Südoststeiermark kann ich nicht widerstehen.

Zum Thema Sport. Ich bin bestimmt keine Sportlerin. Ich betreibe den Sport, den ich mache, nur, weil es meiner Wirbelsäule guttut, weil ich glaube, dass es gesund ist, sich zu bewegen und weil mein Mann und ich gerne Rad fahren und ich immer leicht im Training sein will, damit ich, wenn die Radsaison im Frühling beginnt, mithalten kann, ohne eben Rückenschmerzen zu bekommen.

Heuer war ich vor ein paar Monaten noch so gut drauf, dass ich bei einer Ausfahrt der Naturfreunde, bei der mein Mann öfter mitfährt, sogar ein paar ganz gute Damen aus dem Ort hinter mir gelassen habe.

Dies zeigte mir meine echt gute Kondition und für mein Selbstbewusstsein war es auch gut. Außerdem sind mein Mann und ich im August noch den Johannesweg im Mühlviertel gegangen. Sechsundachtzig Kilometer in vier Tagen.

Danach erklärt die Assistenzärztin mir, dass man bei der Stechbiopsie zu wenig Material entnommen hat und man mir darum noch keinen klaren Befund mitteilen könne.

Ich bin entsetzt. Jetzt ist die ganze Stecherei umsonst gewesen, die ganze Warterei auch, und ich würde wieder eine Woche warten müssen, um zu erfahren, was ich genau habe.

Von dem Umstand, noch einmal eine Stechbiopsie machen zu müssen, ganz abgesehen. Was soll sie machen. So ist es.

Ziemlich zerknautscht beginne ich mir, nachdem sie gegangen ist, den Pyjama anzuziehen und lege mich ins Bett. Mein Mann nimmt neben mir Platz. Momentan fehlen uns die Worte.

Kurz darauf rauscht die Visite herein. Die Assistenzärztin, die Krankenschwester, die ich auch schon kennengelernt habe, und ein Arzt in Grün. Vermutlich kommt er direkt aus dem OP.

Während ich die Zeilen schreibe, mache ich immer wieder eine kurze Pause, lehne mich zurück und atme ein wenig tiefer.

Das Dreierteam geht zuerst zu der älteren Dame am Fenster. Anna, wir haben uns kurz vorgestellt. Später erfahre ich, dass sie achtundsiebzig Jahre alt und wegen einer Brustentzündung ins Krankenhaus gekommen ist.

Mein Mann muss den Raum verlassen, weil der Arzt ihre Brust sehen will.

Ich kann es fast nicht. Ich zittere beim Schreiben. Ich weine nicht, ich kann nicht mehr weinen.

Dann kommt er an mein Bett, setzt sich kurz rechts unten an mein Fußende und blättert in den Unterlagen. Er spricht nicht mit mir, sondern mit der Assistenzärztin.

Dann rede ich einfach drauflos. Ich weiß meine Worte noch ganz genau:

Jetzt muss ich wieder eine Woche warten, bis ich genau erfahre, was ich genau habe!, und er antwortet, ohne aus seinen Unterlagen aufzuschauen.

Warum, wir wissen, was Sie haben. Einen bösartigen Brusttumor mit ...

Es war ein leiser Aufschrei. So etwas Böses habe ich. Und darf mein Mann hereinkommen?

Er kommt herein, ich wiederhole die Worte, ich glaube, er hat auch nichts mehr gesagt.

Der Arzt verlässt den Raum.

Es ist, als ob man aus dem fünften Stockwerk gesprungen wäre. Man klatscht auf, spürt noch ein Zucken, sonst nichts mehr.

Wir fallen uns in die Arme, mein Mann und ich. Jetzt weine ich auch wieder beim Schreiben.

Ich weine bitterlich, warum, warum, warum.

Ein ganzes Leben habe ich gesund gelebt. Bio, wenn möglich. Habe nie geraucht, weil ich das Geld fürs Reisen brauchte, habe keine Hormone zu mir genommen, die Kinder gestillt, Yoga und TCM geliebt.

Niemand in meiner Familie hatte je Brustkrebs. Warum ich, warum ich?

Anna geht aus dem Zimmer und lässt uns allein.

Zeit, zeitlos, jede Zeit der Welt. Ja, die möchte ich noch haben.

Mein Mann redet Dinge wie: Auch da werden sie dir helfen können, wir schaffen das gemeinsam und ich liebe dich und brauche dich noch ganz lange ...

Ich rufe meine Leiterin an und erzähle ihr, dass ich vermutlich noch lange nicht kommen werde. Ich habe einen bösartigen Tumor in meiner Brust. Ich habe Brustkrebs. Auch sie fällt aus allen Wolken. Irgendwann schicke ich meinen Mann nach Hause. Er hat noch einen langen Nachhauseweg vor sich. Ich starre die nächsten Stunden auf das Bild, das an der Wand vor mir hängt.
Holzscheite, schön aufgeschichtet, mit einem dünnen, grünen Bilderrahmen.

Anna kommt irgendwann wieder in den Raum, legt sich in ihr Bett beim Fenster. Sie sieht fern, hat aber Kopfhörer auf, und so höre ich nur ein leises Rauschen.
Das Bett in der Mitte ist leer. Gut so, ich brauche Abstand, ich will für mich allein sein.
Das Abendessen wird hereingestellt, nachdem Anna mit ihrer Tochter weggegangen ist. Ich setze mich zum Tisch und verschlinge den Gemüsestrudel. Ich habe den ganzen Tag noch nichts gegessen. Ich habe Hunger. Danach verkrieche ich mich wieder tief in meinem Bett.

Als es bereits dunkel wird im Zimmer, spricht mich Anna das erste Mal an. Sie meint nur: Wenn du mit mir reden möchtest, sag es mir. Ich kann aber auch still sein.
Wir beginnen zu reden. Anna sagt mir, dass sie am Nachmittag, nachdem sie das Zimmer verlassen hat, geweint hat. Sie hat es als unvorstellbar empfunden, auf welche Art und Weise mir der Arzt diese Diagnose an den Kopf geworfen hat. Obwohl ich für sie eine fremde Frau bin, habe ich ihr aus ganzem Herzen leidgetan.
So dürfe man eine derartige Diagnose in der heutigen Zeit nicht bekommen.
Ich horche ihren Worten zu und weine viel. Anna sieht von außen weder zart noch feinfühlend aus. Doch sie ist es.
Mir wird ein Schild mit der Aufschrift „nüchtern" an das Bett gehängt. Nüchtern empfinde ich alles hier. Anna wird von Zeit zu Zeit eine Infusion angehängt, sie bekommt einen Topfenwickel für ihre entzündete Brust und nette Worte.

Kurz bevor sie das Licht ausmacht, meint sie noch, sie sei kein gläubiger Mensch, sie ginge nicht jeden Sonntag in die Kirche, aber ich solle zu meinem Schutzengel beten.

Der hat mich heute verlassen. An den glaube ich auch nicht mehr, ist meine Antwort. Jetzt habe ich einfach Angst zu sterben. Ich bin doch noch nicht einmal fünfzig Jahre.

Anna richtet sich in ihrem Bett etwas mehr auf, vermutlich, um ihrer Stimme Gewicht zu geben.

Wenn du dich instinktiv für dieses Krankenhaus entschieden hast, ohne genau zu wissen warum, nur weil du es irgendwann einmal in einem anderen Zusammenhang gehört hast, dann hast du einen Schutzengel. Hier bist du in den besten Händen, glaube mir, und wenn ganz furchtbare, angsteinflößende Gedanken über dich kommen, dann sagst du STOPP zu dir. Stopp, bis hierher und nicht weiter.

In dieser Nacht sage ich mehrmals stopp zu mir. Ganz energisch. Stopp. So wie Anna es mir gesagt hat.

Um sechs Uhr am Morgen werde ich geweckt. Es wird Zucker gemessen und ich soll mich nach dem Frischmachen um 6:30 Uhr vorne am Schalter melden.

Die Nachtschwester merkt, dass mir stille Tränen über die Wangen laufen, und erst jetzt erkenne ich, dass vielleicht niemand vom Personal weiß, welche Diagnose ich gestern erhalten habe und wie elend es mir geht.

Sie ist sehr nett und versucht mir mit netten Worten, Mut zuzusprechen.

Ich habe Angst, allein ins Untergeschoss zu fahren. Ich hasse Lifte und Räume unter der Erde. Sie nehmen mir die Luft und ich weiß aus meiner Erfahrung aus der Vorwoche, wie das mit dem Kollabieren geht.

Sehr schnell, eigentlich so schnell, dass man sich gar nicht mehr helfen kann.

Ich sage nichts. Aus irgendeinem Grund drückt die Krankenschwester nicht nur den Knopf, um den Lift zu holen, sie fährt auch mit. Ich bin ihr sehr dankbar.

Hier unten ist es um diese Zeit menschenleer. Auf den Türen befinden sich überall diese Zeichen für Radioaktivität. Gelbe Schilder mit drei schwarzen Rotorblättern.

Ich werde gebeten, noch einmal auf das WC zu gehen und mich dann in diesem kleinen Raum auf das Bett zu legen.

An die im Arm steckende Kanüle wird eine Infusion gehängt und dann muss ich auf den Radiologen warten.

Es ist so kalt hier unten, unvorstellbar. Die Schwester deckt mich mit einer dicken Steppdecke zu und ich bitte sie, die dicke Panzertür nicht zu schließen.

Auch mit Piepser in der Hand habe ich das Gefühl, ersticken zu müssen. Sie lässt die Tür einen Spaltbreit offen.

Der Radiologe, der kurz darauf kommt, gibt mir dann die Spritze und einen kleinen Becher Flüssigkeit.

Man würde mich aufwecken. Die Tür lässt auch er einen Spalt offen.

Ich höre noch Stimmen, Kaffeegeschirr klappern und auch der feine Kaffeegeruch kommt in meinen Zwergen-Raum. Ein Geruch, als ob alles in Ordnung wäre, alles gut.

Ich werde müde, aber ich schlafe nicht ein. Mein schläfriger Blick fällt über die gelb gestrichenen Wände, ich sehe die Rohre und die beiden Kameras, die mich vermutlich beobachten.

Nach ungefähr fünfundvierzig Minuten hängt man mich ab und ich muss in einem anderen Raum warten und noch ein schwabbeliges Zeug trinken. Ich glaube, für den Magen und noch ein kleines Gläschen für die Schilddrüse.

Auch hier schließt sich hinter mir eine Art Panzertür. Aber der Raum ist groß mit blauem Fußboden und blauen Stoffbezügen an den Sesseln.

Wenige Minuten später werde ich in den Raum gebracht mit dem Untersuchungsgerät. Das Gerät ist riesengroß, der Raum hell erleuchtet. Die Art von Beleuchtung, die ich zu Hause sofort aus der Fassung drehen würde, weil sie ein so nüchternes, kaltes Licht erzeugt.

Ich muss mich auf den Rücken legen, den Kopf in eine Art Vorrichtung geben und die Arme über den Kopf strecken.

Die Augen soll ich geschlossen halten und es wird mir versichert, dass man mich durch eine Art Glasfenster beobachtet. So habe ich es zumindest verstanden. Zwanzig Minuten würde es dauern.

Die Untersuchung beginnt und ich habe bereits in der ersten Minute das Gefühl, das unbändige Gefühl, ich muss mich an meiner linken Nasenseite kratzen.

Danach sagt mir mein Verstand, du musst dich ablenken, und ich reise mit meinen Gedanken nach Island. Zum Jökulsárlón, dem See mit den Eisbergen.

Die Untersuchung ist vorbei. Ich darf wieder nach oben gehen, wo bereits das Frühstück auf mich wartet. Kaffee, Milch, eine Semmel, Brot, Butter, Marmelade. Bis auf das Brot esse ich alles auf.

Danach verkrieche ich mich wieder in meinem Bett. Es ist 9:00 Uhr vormittags. Ich erfahre, dass die Visite in meiner Abwesenheit bereits hier gewesen ist und für mich außer der PET-Untersuchung nur noch eine Sonographie eingetragen ist. Schön langsam fühle ich mich verlassen. Wenn ich heute nach Hause darf und die Stechbiopsie wieder nicht gemacht wird, wie geht es dann weiter? Auf das genaue Ergebnis muss man ja wieder eine Woche warten. Ich fühle mich echt verloren, am falschen Platz. Es ist doch nicht meine Aufgabe, danach zu streben, zu Untersuchungen zu kommen!

Nach der PET-Untersuchung wird mir gesagt, ich solle viel trinken. Also trinke ich Tee und Wasser und bin schon wieder auf dem Kurs wie immer. Das Gift muss raus, dem Körper sofort wieder Gutes tun.

Hat er es mir gedankt, dass er fast fünfzig Jahre nur Gutes bekommen hat?

Nachdem ich mindestens zwei Liter Flüssigkeit in Schnelligkeit durch meinen Körper laufen gelassen habe, muss ich nun ständig auf das WC.

Als man mir mitteilt, zur Sonographie-Untersuchung zu gehen, schaffe ich es gerade in die richtige Abteilung, dann muss ich schon wieder auf die Toilette und als mein Name aufgerufen wird, hätte ich eigentlich schon wieder müssen, aber es war keine Zeit mehr.

Die Ärztin schaut bei dieser Untersuchung, ob sich in meinen Achseln bereits Lymphknoten verändert haben. Ich bitte sie, mir alles zu sagen, was sie sehen kann. Anscheinend sind hier für sie noch keine Veränderungen sichtbar. Es sind nicht die Untersuchungen, die mir jetzt Angst machen, sondern die Ergebnisse.

Zu Mittag gibt es Zander und im Bett in der Mitte ist nun eine weitere Frau zu uns gekommen. Ich glaube, sie stellt sich mit Margit vor, nachdem ich sie begrüßt habe.
Danach beginnt sie zu lesen. Ich will ohnehin meine Ruhe haben.
Danach beginnt sie zu schlafen und furchtbar zu schnarchen. Anna und ich sagen nichts, wir sehen sie und uns nur an.
Später, als die Geräuschkulisse echt heftig wird, meint es Anna wieder gut mit mir. Ich solle die Schwester doch auch um Kopfhörer fragen, zumindest heute Abend zum Einschlafen.

Plötzlich schreckt mich das Handy aus meinen Gedanken. Auf dem Display sehe ich einen Namen, mit dem ich nicht gerechnet habe.
Es hat mich echt mitten ins Herz getroffen, ihre Anteilnahme an meiner Situation, ihr Mitgefühl und ihre Ehrlichkeit mir gegenüber.
Es gibt Anrufe, die geben einem Kraft, und dieser gehört dazu. Danach beginne ich wieder zu weinen, aus Freude, solche Freunde zu haben, aus Ohnmacht über meine Krankheit.

Ich habe still geweint, ich weiß es, aber plötzlich sitzt Margit neben mir und wischt mir mit einem Taschentuch die Tränen ab, die rechts und links über mein Gesicht laufen.
Ich werde morgen operiert, meint sie. Ich habe auch Brustkrebs. Sie hat das Gespräch mit angehört und weiß nun Bescheid.
Sie ist älter als ich, aber ich weiß nicht, wie viel. Sie hat mit dieser Diagnose jedes Mal bei der Mammographie gerechnet, da auch ihre Großmutter und Mutter an Brustkrebs erkrankt sind. Sie war immer gefasst darauf, dass sie es ihr eines Tages sagen werden, meint sie.
Aus Angst hatte sie auch schon einen Gen- oder Bluttest machen lassen, aber der brachte bei ihr kein eindeutiges Ergebnis. Ich merke, so überrascht zu werden wie ich ist schrecklich, immer mit der Angst zu leben, ob er eines Tages zuschlägt, auch.

Dann kommt die Visite. Der gleiche Arzt, diesmal in Weiß. Er geht wieder zuerst zum Bett beim Fenster, zu Anna. Da sie auf seine Frage, wie es ihr geht, mit „besser" antwortet, meint er nur: Sehen Sie, im Krankenhaus wird alles wieder gut.

Da sind sie, meine Worte. Margit ist gerade unauffindbar und so kommt er als Nächstes zu mir.

Das möchte ich auch, dass Sie zu mir sagen: ‚Im Krankenhaus wird alles wieder gut', beginne diesmal ich das Gespräch. Und was wissen Sie jetzt über all die Untersuchungen, was ich noch nicht weiß? Diesmal schaut er mich an.

Er erklärt mir, dass ich eine Krebsart habe, die nicht so häufig sei. Mir fällt schon wieder alles ab. Das auch noch. Achtzig Prozent haben eine andere, eine häufigere Form, meine macht etwa fünfzehn Prozent aus. Ich spüre, wie meine Talfahrt weitergeht. Durch die Stechbiopsie bekommt man noch genauere Daten, darum muss sie noch einmal gemacht werden, meint er.

Jetzt bin ich wieder am Zug. Ich erkläre ihm, dass ich möchte, dass diesmal er diese Biopsie vornimmt, nur er, und dass er gestern für mich keine Zeit mehr gehabt hat.

Er erklärt der Schwester neben ihn, dass er noch etwas machen muss, und dann soll sie mich zu ihm in die Brustambulanz hinunterschicken.

Zehn Minuten später mache ich mich bereits auf den Weg.

In der Brustambulanz ist es mittlerweile menschenleer. Ich setze mich vor die Tür, vor der ich bereits vor eine Woche gesessen habe.

Eine Schwester nimmt mir meine Mappe mit meinen Unterlagen ab. Wenig später kommt der Arzt. Er sieht sich meine aktuellen Mammographie-Befunde und die aus dem Jahr 2014 und 2015 noch einmal an.

Ich frage ihn noch mal wegen dieser anderen Krebsart und er gibt mir eine ordentliche Antwort. Er geht oft tiefer oder so, ich weiß nicht mehr alles. Aus diesem Grund möchte er auch noch eine MR-Untersuchung machen, für die ich aber erst in einer Woche einen Termin bekomme.

Heute sind Sie netter, gestern waren Sie schrecklich zu mir, sage ich zu ihm. Er sieht nicht vom Bildschirm seines PCs auf und meint: Was soll ich denn tun?

Anders, sage ich. Einfach ein bisschen anders.

Dann bittet er mich, mich auf das Bett neben dem Gerät zu legen. Alles wie vor acht Tagen.

Plötzlich fährt mich die Assistentin an: Warum sagen Sie nicht, dass Sie heute schon bei der PET-Untersuchung waren, Sie sind ja verstrahlt! Ich kontere sofort. Man hat mir gesagt, ich soll die Nähe zu kleinen Kindern meiden, sonst nichts.

Der Arzt meint nun zur Assistentin, ob jemand von ihnen beiden schwanger wäre – wenn nicht, dann solle sie sich mäßigen.

Er hat zu mir gehalten.

Danach wird die Stelle seitlich an meiner Brust wieder desinfiziert und mit einer Spritze narkotisiert. Das knacksende Geräusch braucht man mir nicht mehr erklären, das kenne ich schon.

Die ersten beiden Gewebsentnahmen sind auszuhalten gewesen, aber die dritte, bei der ich seitlich liegen muss, geht vermutlich mitten in den Tumor.

Ich stöhne leicht. Der Schmerz ist enorm, und als mein Blick auf die blutige Nadel fällt, wie er sie herauszieht, läuft mir die Farbe im Gesicht ab.

Ist Ihnen schlecht?, fragt mich die Assistentin. Ich meine nur, jetzt liege ich ohnehin, ansonsten falle ich bei solchen Dingen gerne um.

Danach fährt der Arzt selbst mit mir nach oben. Da er auf dem Weg zum Lift merkt, sein Handy vergessen zu haben, bittet er mich, den Lift anzuhalten und auf ihn zu warten. Wir gehen bis zum Schalter gemeinsam, danach gehe ich ins Zimmer.

Ich kann kaum durchatmen vor lauter Schmerzen. Die Schwester, die ins Zimmer kommt, bringt mir eine Infusion. Ich weiß, mein Mann ist schon von zu Hause weggefahren, um mich zu holen, aber ich habe noch immer solche Schmerzen, dass ich gar nicht hätte aufstehen können.

Eine zweite Infusion bringt dann endlich Erleichterung. Inzwischen ist es spät geworden, mein Mann sitzt bereits neben mir auf dem Bett, als das Abendessen serviert wird.

Ich werde mit kleinen Happen Marmelade-Palatschinken gefüttert, danach habe ich mich noch von Anna und Margit verabschiedet und ihnen alles Gute gewünscht.

Anna meint noch, sie findet es toll, wie ich mit dem Arzt geredet habe bei der Visite, und vergiss nicht STOPP, wenn die Gedanken zu schwarz werden.

Die Sonne steht schon sehr tief, als wir Linz an diesem Abend verlassen.

Es ist diesmal mein kleiner weißer Polo, der uns nach Hause bringt. Er hat jetzt eine Vignette, da ich mit ihm auf Kur gefahren wäre. Ja, wäre.

In dieser Nacht schlafe ich trotz allem tief und fest. Ich bin müde und fertig von den Erlebnissen der letzten zwei Tage. Meinen Mann wieder neben mir zu haben, ist ein schönes Gefühl. Nur wenn ich mich im Schlaf umdrehe, werde ich immer wieder wach, da mir meine rechte Brust noch ordentlich wehtut.

Die nächsten beiden Tage hat mein Mann wieder Dienst. Kaum ist er weg und mein Sohn wenig später auch, spüre ich, wie die Angst in mir hochsteigt. Ist es der Morgen, der mich erschreckt? Ist es das Gefühl, wie viele solche Morgen darf ich noch haben? Keine Ahnung, ich halte es nicht mehr aus im Bett und stehe, kurz nachdem meine Männer weg sind, auf.

Ich mache mir einen Kaffee. Für viele nicht nachvollziehbar, aber ich liebe den guten alten Filterkaffee. Auch einen Kaffeelöffel Linde Kaffee mische ich darunter – und wichtig: Ich trinke ihn in einer großen Tasse mit viel Milch. Dann reicht mir ein Kaffee für den ganzen Tag.

Dazu esse ich, was der Kühlschrank hergibt. Ich habe Appetit auf Brot, Butter, Wurst und Käse.

Nach dem Frühstück will ich all die Dinge in Angriff nehmen, die ich bis jetzt aufgeschoben habe.

Ich habe gehofft. Ich habe ganz oft in einem Buch, das ein Arzt und Kabarettist geschrieben hat, die Seite gelesen, in der er schreibt, dass viele Frauen unnötig zur Biopsie geschickt werden, da zwei Drittel der Befunde gutartig sind.

Zwei Drittel. Wie schön für all diejenigen, die eine Entwarnung bekommen. Was muss das für ein Gefühl sein, wenn man nach einer Woche Angst und Bangen endlich eine gute Nachricht bekommt? Ich glaube, man fühlt sich wie neu geboren. Möchte gut essen gehen, alle umarmen und lachen und weinen zugleich.

Warum trifft es mich so hart? Warum darf ich nicht bei diesen zwei Dritteln dabei sein?

Am 8. November werde ich fünfzig Jahre. In den letzten Wochen habe ich alle Geburtstagseinladungen verteilt, natürlich das Lokal vorher reserviert, mir drei Torten bestellt und über die Deko nachgedacht.

Ich war vorbereitet, fertig, wenn ich von der Kur nach Hause gekommen wäre, hätte ich für meine Mutter nach ihrer Schulteroperation Zeit gehabt. Meine Geburtstagsfeier hätte keine unnötige Arbeit mehr gemacht.

Nun sitze ich am Küchentisch, die halb ausgetrunkene Kaffeetasse vor mir und beginne, die ersten Termine abzusagen. Den Kuraufenthalt, das Lokal, in dem ich meinen Geburtstag feiern wollte, den Friseurtermin an meinem Geburtstag, die Torten, mein Fitnessstudio.

Es fällt mir schwer. Ich entledige mich aller Termine.

Danach will ich die Leute anrufen, die ich erst vor Kurzem zu meinem runden Geburtstag eingeladen habe.

Mit dem zunehmenden Alter und dem fünfzigsten Geburtstag habe ich nie ein Problem gehabt. Ich habe auch hier eine genaue Vorstellung. Ich weiß genau, wie ich im Alter aussehen will. Ich schwimme gegen den Strom, obwohl neben mir Menschen auftauchen, die in die gleiche Richtung schwimmen und ähnlich denken.

Meine Haare lasse ich grau werden. Ich habe noch nie gefärbt und die Strähnen, die ich mir dreimal habe machen lassen, haben mich nicht überzeugt.

Grau nicht, weil es mir so gut gefällt, nein, weil die Haare eben grau werden ab einem gewissen Alter. Ich stehe dazu und habe genügend Selbstbewusstsein. Blond war meine Jugend, in der Mitte darf sich die Farbe verändern, so wie das Leben auch.

Schicke Brillen bringen für mich den nötigen Farbklecks ins Gesicht, schicke Kleidung auch. Bei der Kleidung darf es gerne ein wenig hochwertiger sein und ich liebe eine Marke aus dem hohen Norden, so wie das Land auch.

Meine Farben sind dezent und so kann ich Dinge lange tragen, ohne dass man es ihnen ansieht. Ich halte nichts von Kurzlebigkeit, noch dazu, wenn man weiß, wo und unter welchen Bedingungen Kleidung heutzutage produziert wird. Auch Markenkleidung.

Meine Haare sind seit jeher lang. Nur nach meiner Hochzeit habe ich sie mir einmal ultrakurz schneiden lassen. Schick, nicht schlecht, aber eben nicht meines.

Ohne Haare kann ich mir mich eigentlich auch nicht vorstellen. Aber um meinen Mann und meine Söhne noch lange haben zu dürfen, kann ich mir alles vorstellen, auch keine Haare. Ich wäre ja nicht die Erste. Wir sind ja so viele mit dieser Diagnose.

Ich kann mir auch vorstellen, dass sie mir meine rechte Brust ganz wegschneiden. Leben will ich einfach noch. Noch viele Jahre.

Die sachlichen Termine habe ich geschafft. Nun muss ich beginnen, es meinen, unseren Freunden und Verwandten zu sagen.

Es ist Donnerstagvormittag und ich beginne mit meiner Freundin. Sie arbeitet in der Altenpflege und hat des Öfteren unter der Woche frei.

Das Telefon läutet auf der anderen Seite und gleich darauf höre ich ihre freundliche Stimme. Nach meiner Nachricht ist ihre Stimme sehr verändert. Sie weint mit mir, kann es nicht fassen und bedauert, dass sie gerade mit einer anderen Freundin eine Bergtour macht. Ansonsten wäre sie sofort gekommen. Übermorgen, Samstag, würde sie zu mir kommen.

Ich habe mir das Ganze leichter vorgestellt. Nach nur einem Anruf bin ich erledigt. Ich lege mich aufs Sofa und kann nicht begreifen, was gerade vor sich geht. Mit mir und mit meiner Welt um mich herum.

Mir geht es nicht gut. Ich schreibe meiner Freundin von der Arbeit, ob sie mich heute oder morgen einmal besuchen will. Allein zu sein erdrückt mich, ich brauche Menschen um mich und meiner Mutter will ich nicht noch mehr Leid zufügen, bei ihr will ich stärker sein, als ich es in Wahrheit bin.

Ich brauche einen Menschen, eine Freundin, auf die ich einen Teil meiner Last laden kann und die es nicht erdrückt, weil sie stark ist, weil sie mir aus ganzem Herzen helfen will.

Kurze Zeit später bekomme ich zwei WhatsApp-Nachrichten. Die Freundin aus der Arbeit kommt am Nachmittag, sobald sie frei hat. Meine Freundin aus Kindertagen hat alle ihre Termine abgesagt und kommt morgen zu mir. So lange ich will, auch den ganzen Tag.

Ich weine.

Es ist 14:15 Uhr, als ein silbernes Auto vor unserem Haus einparkt. Sie kommt mit drei Taschen und so vielen liebenswerten Dingen, dass ich Angst habe, ihr nie wieder alles zurückgeben zu können.

Auf diese Worte reagiert sie fast streng und drückt mich fest. Auf meinen rechten Busen müssen wir dabei aufpassen, er tut noch immer ordentlich weh.

Sie hat neben vielen Dingen, die man nur schenken kann, wenn man jemanden wirklich kennt und mag, auch eine Karte mit, auf der steht: „Es heißt Freundschaft, weil man mit Freunden alles schafft."

Wir essen, besser: Ich muss essen. Ich erzähle, wir weinen und schmieden auch Urlaubspläne.

Ich richte noch schöne Grüße an meine anderen Kolleginnen aus und bin froh, dass sie mir geholfen hat, an diesem Nachmittag die Einsamkeit zu vertreiben.

Als es dämmerig wird, beginne ich die Lichter im Haus aufzudrehen, den Fernseher auch. Eigenartig, mein ganzes Leben lang konnte ich mit Stille und Ruhe und mit mir allein etwas anfangen, jetzt fällt es mir schwer.

Als mein Mann um 19:20 Uhr nach Hause kommt, fühle ich mich wieder wohler.

Mein Mann bekommt nun die Aufgabe, die ich nicht erledigen konnte. Er muss seinen Geschwistern, also meinen Schwagern und Schwägerinnen, und unseren Freunden absagen. Er ist es, der ihnen von meiner Diagnose Brustkrebs erzählt.

Auch er wirkt danach irgendwie fertig, geschafft. Jetzt ist es wenigstens erledigt.

Freitag, der dreizehnte, war für mich bis jetzt nie ein Unglückstag. Im Gegenteil, ich habe die Aufnahmeprüfung in die BAKIP an einem Freitag, den dreizehnten, geschrieben und auf Anhieb geschafft.

An so einem Freitag, den dreizehnten, um zehn Uhr kommt meine Freundin aus Kindertagen und es tut mir so gut wie der Besuch meiner Freundin aus der Arbeit einen Tag zuvor.

Wir frühstücken, obwohl ich nicht so richtig essen kann. Ich habe zwar Hunger, bin aber sehr schnell und abrupt satt.

Der Vormittag vergeht sehr schnell und sie wäre auch bis zum Abend geblieben, wenn ich es gewollt hätte. Aber es hat gepasst. Irgendwann fühle ich mich dann meist ziemlich müde. Sie versprich mir, dass ich sie immer und jederzeit anrufen kann, wenn ich sie brauche.

Auch ihr bin ich sehr dankbar. Manchmal bekomme ich auch eine WhatsApp-Nachricht von meiner Leiterin, die auch mit mir leidet. Meine Kollegin, die Helferin aus unserer Gruppe und sogar die von der oberen Gruppe melden sich, um mir alles Gute zu wünschen.

Inzwischen sind vierzehn Tage vergangen, seit ich es meiner Schwiegermutter erzählt habe. Zwölf Tage seit der Geburtstagsfeier unseres Sohnes, bei der sie dabei war und wir sie abgeholt haben. Nichts, sie meldet sich einfach nicht.

Obwohl sie mein Mann schon einmal gebeten hat, da er ihr Verhalten momentan unter jeder Würde findet, nichts.

Auch von meinen Schwagern und Schwägerinnen meldet sich am Tag danach keiner. Auch nicht zwei Tage später, nicht drei Tage später.

Ich finde es beschämend, meine eigene Verwandtschaft. Freunde melden sich, fragen vorsichtig nach oder schreiben eine Nachricht. Fünf Verwandte hüllen sich in Schweigen.

Es verletzt mich tief, da wir uns immer gut verstanden haben. Ich habe zwar so manches um des lieben Friedens willen geschluckt und das Nicht-Gönnen unserer Reisen war immer so stark, dass sie es vermieden, die aktuellen Fotobücher anzusehen, aber damit konnte ich im Laufe der Zeit immer besser leben. Ich sah mir die Bücher ihrer Kinder von London, Irland und was weiß ich immer an und hatte aufgehört, von unseren Reisen zu schwärmen.

Solche Kleinigkeiten gab es viele, aber im Großen und Ganzen hatten wir bei Treffen und unseren Steiermark-Reisen immer eine schöne Zeit. Jetzt aber handeln sie falsch.

Die Erste, die sich meldet, ist meine Schwägerin, die im Ort wohnt. Sie schreibt mir eine lange SMS, fragt, wie es mir geht. Am Vormittag sind sich ihr Mann und meiner beim Dienstsport begegnet, da sie beide bei der Polizei sind, und er hat seinen Bruder nicht einmal angesprochen.

Nun platzt das Angestaute aus mir heraus. Ich schreibe ihr, dass sie mich alle fünf sehr verletzt haben. Ich schreibe sachlich, aber sicherlich direkter, als man mich kennt, und ich hätte auch sicher noch länger überlegt, die SMS abzuschicken, wenn ich mich nicht verdrückt hätte.

Schicksal, es soll so sein, dass es gleich weg ist. Ihr Anruf darauf folgt prompt und ich nehme ihre Entschuldigung an.

Noch einen ganzen Tag länger braucht der andere Bruder meines Mannes. Er hat allein oder mit seiner Frau vorbeischauen wollen, da sie vorhaben, der Schwiegermutter den neuen Staubsauger zu bringen, den sie sich zu Weihnachten gewünscht hat.

Weihnachtsgeschenke bekommt man meiner Meinung nach zu Weihnachten und nicht Mitte Oktober.

Mein Mann hat seinen Brüdern doch nicht irgendetwas erzählt. Er hat erzählt, dass seine Frau, mit der er seit fünfundzwanzig Jahren verheiratet ist, die Diagnose Brustkrebs erhalten hat.

Ich hätte es schön gefunden, wenn sie mich besuchen. Aber nicht, weil sie den Staubsauger der Schwiegermutter ausliefern und ein Besuch bei mir dann gerade passt.

Auch von ihm bekomme ich, nachdem das Gespräch meines Mannes mit seinem Bruder beendet ist, eine Nachricht mit Entschuldigung. Auch diese nehme ich an und schreibe in die Antwort-SMS, dass sie mich mit ihrer eher gleichgültigen Art verletzt haben, sehr sogar.

Darauf bekomme ich keine Antwort mehr.

Einen Tag später, es ist auch zugleich einen Tag vor seinem Geburtstag, bekommt mein Mann eine Sprachnachricht von seiner Mutter, er könne sich das Geburtstagsgeld abholen.

Langsam fehlen uns beiden die Worte.

Es ist Mittwoch, der 18. Oktober, als kurz vor 16:00 Uhr ein kleines, grünes Auto in der Einfahrt hält.

Ich weiß, wer es ist, denn sie hat mich kurz zuvor in einer WhatsApp- Nachricht gebeten, vorbeischauen zu dürfen. Ich kenne die Mutter meiner Fast-Schwiegertochter bereits. Wir haben uns schon ein paarmal mit der ganzen Familie zum Essen getroffen.

Sie kommt mit zwei Taschen bewaffnet und bittet mich gleich, die gefrorenen Beeren, die sie mir in die Hand drückt, einzufrieren. Danach setzen wir uns an den Küchentisch. Sie nimmt mich auf eine ganz besondere Weise an der Hand. Man könnte sagen, wir haken unsere Finger ein und dann erzählt sie mir in unendlich inniger, einfühlsamer Weise, von Krebs.

Ich erfahre, dass man mit dieser Handstellung gut Energie weitergeben kann, dass Krebs auch nicht bei ihr haltgemacht hat, wenn auch an einer anderen Stelle. Sie sagt zu mir, dass jetzt nur ich und meine Gesundheit an erster Stelle stünden und dass sie immer für mich da sein würde, wenn ich sie bräuchte. Ein Anruf genüge.

Wir sind jetzt eine Familie, unsere Kinder heiraten, unsere Enkel brauchen zwei Omas. Wir sind jetzt alle für dich da. Spätestens jetzt heule ich wieder.

Danach zaubert sie aus einer zweiten Tasche fünf Bücher heraus.

Sie sagt mir genau, mit welchem ich beginnen soll, welches für die Seele ist und in welchen ich blättern und lesen soll, nachdem ich die Ärzte hätte walten lassen. Die Ärzte, meint sie noch, sollen alles wegschneiden, was krank ist, aber danach musst du wieder für deinen Körper da sein.

Sie spricht von dem Körper, der, so lange ich denken kann, nur Gutes in materieller und geistiger Form von mir bekommen hat und der es mir echt nicht dankt.

Die Bücher sind nicht geliehen. Nein, sie hat sie mir gekauft. Ihre Worte sind: Meine Bücher sind meine, das sind jetzt deine Bücher.

Der Besuch tut mir gut und gibt mir Kraft. Die Beeren sind Aroniabeeren.

Mein Mann hat wieder einmal Nachtdienst. Ich setze mich an meinen kleinen Laptop und beginne wieder zu schreiben. Mir wird erst jetzt so richtig bewusst, dass ich schon sehr viele Seiten geschrieben habe, und plötzlich weiß ich auch, ich könnte diese Zeilen nie mehr so schreiben, weil ich sie immer so hautnah am Erlebten geschrieben habe.

Plötzlich will ich sie haben, ich will die Seiten in meinen Händen halten und wissen, die kann mir niemand mehr nehmen. Das ist meine Geschichte, mein Schicksal, meine nicht gewollte Hauptrolle.

Ich will sie nicht nur in gespeicherter Form auf einem Stick, nein, ich will sie spüren und haben.

Ich rufe meinen Großen an und frage ihn, ob ich sechzig Seiten so einfach ausdrucken kann, ohne dass der Drucker ein Problem bekommt. Diese Frage kostet ihn ein Lächeln, und da er ohnehin gerade auf dem Weg zu mir ist, richtet er mir eine Fußzeile mit Seitenanzahl ein.

Dann übergebe ich meine Geschichte dem Drucker. Wenig später habe ich einen richtigen Stoß Blätter in der Hand. So viel zu sagen, so viel Leid und Kummer, der aus mir herausmuss.

Es ist schon Abend, die Tasche für morgen steht schon wieder im Vorhaus. Darauf meine Tasche mit der Mappe mit allen Unterlagen meiner Krankheitsgeschichte. Morgen muss ich um 8:00 Uhr in Linz sein. Zuerst zur MR-Mammographie und danach zur Befundbesprechung. Ich habe schreckliche Angst.

Unser Jüngerer hat wieder versprochen, zu Hause zu schlafen, damit ich auch in dieser Nacht nicht allein sein muss. Um mir die Zeit zu verkürzen bis er kommt, beginne ich meine Zeilen von vorn bis hinten zu lesen.

Alles noch einmal, von der ersten Sonographie bis zur Frauenärztin, die erste schweißgebadete Nacht, die ersten Untersuchungen, die Angst vor Ergebnissen und die Schockdiagnose. Wir wissen eh, was Sie haben, einen bösartigen Brusttumor.

Alles durchlebt in so kurzer Zeit, wie hält das ein Mensch aus? Ich glaube, wir sind so viele, die das täglich aushalten müssen. Anscheinend über fünftausend in Österreich pro Jahr. Schön für die, bei denen das Karussell des Schreckens angehalten wird, weil etwas gutartig ist. Schlecht für die, die nicht aussteigen dürfen und weiter darin sitzen bleiben müssen.

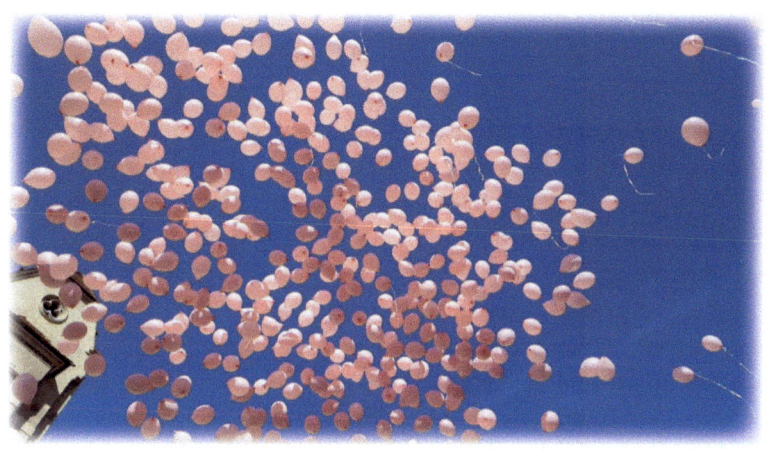

14./15. Oktober 2017

Mein Sohn kommt heim, wir wechseln ein paar Worte und ich sage ihm noch, dass ich morgen bereits um 5:30 Uhr das Haus verlasse. Er wünscht mir Glück. Letztes Mal ist er früher aus dem Haus gegangen und hat mir am Küchentisch eine Nachricht mit „Toi, toi, toi, Muttilein" hinterlassen. Ich gehe ins Bett und lese dort weiter. Gut sechzig Seiten sind nicht so schnell gelesen, noch dazu, wenn sie einen bis ins Herz berühren. Es ist bereits 22:30 Uhr, als ich die Blätter wieder auf einen Stoß zusammenlege. Mein Blick fällt auf die erste Seite. Auf die Überschrift sozusagen.

Bin Skorpion, Krebs unerwünscht. Jetzt werde ich tief traurig, denn ich erkenne, dass in dieser Überschrift Hoffnung liegt. Als ich zu schreiben begonnen habe, hat immer noch die Hoffnung bestanden, es könnte doch noch gut ausgehen für mich. Der Tumor gutartig sein.

Jetzt, vierundsechzig Seiten später, erkenne ich mit einem bitteren Beigeschmack: Die Überschrift muss anders heißen, schon länger.

BIN SKORPION, MIT KREBS.

Es ist 5:15 Uhr, als der Wecker und das Handy fast zeitgleich läuten. Ich habe sie mir beide gestellt, um ja nicht zu verschlafen.

Bereits um kurz nach 5:30 Uhr bin ich mit meinem kleinen weißen Polo, der Tasche für das Krankenhaus, falls sie mich behalten, und meiner Handtasche auf dem Weg zum Polizeiposten meines Mannes.

Als ich aus der Garage fahre, sehe ich schon meine Mutter, die am Fenster ihres Hauses steht, das die Sicht zu unserem Haus ermöglicht. Vermutlich hat auch sie sich den Wecker gestellt, um wach zu werden, um mir alles Gute für den heutigen Tag zu wünschen.

Es ist finster und neblig und ich funktioniere, wie so oft in letzter Zeit. Das Radio ist an. Stille macht mir Angst. Früher nie, jetzt schon.

Ich höre das Lied „Wherever You Will Go" und mir kommen furchtbare Gedanken in den Kopf. Was würde mein Mann ohne mich machen? Würde er sich später jemanden ... Stopp, sage ich an dieser Stelle ganz energisch zu mir.

Sie sind da, die ganz schrecklichen Gedanken, man versucht sie nur immer im Zaum zu halten.

Kurz vor 6:00 Uhr bin ich bei ihm. Ich sehe noch seine Kollegin die Tür aufsperren, denn sie löst ihn eine Stunde früher ab. Danach kommt er schon auf mich zu. Wir packen die Taschen kurz um und sind schon auf dem Weg in Richtung Autobahn. Diesmal fest entschlossen, diesen Weg zu nehmen. Es ist auch um diese Zeit schon viel los auf der Autobahn, aber der Verkehr geht flüssig dahin.

Wir fahren gerade in Ansfelden, ich erkenne das Lied bereits an den ersten Takten, mein Lied. Es ist ewig alt und wird so gut wie nie im Radio gespielt. Es ist mein Lied und ich höre „I Promised Myself" und drehe ganz laut.

Ich heule los. Es ist mein Lied, ein Sinnbild für mich, einen neuen Weg, der vor mir liegt, zu gehen.

Genauso schnell, wie ich zu weinen begonnen habe, höre ich wieder auf, als das Lied zu Ende ist. Die Symbolik aber habe ich verstanden.

Mein Mann bringt mich souverän ans Ziel. Wir haben noch genügend Zeit und brauchen zum ersten Mal nicht zu hasten. In der Brustambulanz sind die Schalter noch nicht besetzt und man bittet uns, eine Nummer zu ziehen. Ich habe die Nummer elf.

Punkt 7:00 Uhr werden die Schalter geöffnet und es geht ganz schnell. Ein paar Minuten später sitzen wir schon auf einem Sessel in einer der beiden Glaskabinen.

Und Ihre Berichte gehen ans Krankenhaus Ried, höre ich die Dame noch sagen.

Nein, an die Frauenärztin und den Hausarzt, dementiere ich. Sie meint nur, dann hat der Computer Ihre Daten verloren, geben wir sie gleich wieder ein.

Ein leichtes Das gibt es doch nicht steigt in mir hoch. Draußen meint auch mein Mann, das kann doch nicht wahr sein.

Wir gehen die paar Meter zu der Abteilung, deren Namen mir jetzt nicht einfällt. Dort bekomme ich eine farbige Karte, mit der ich in einer Menschenreihe warten soll, und die Auskunft, dass meine Befundbesprechung erst um 12:15 Uhr sein würde, bei einem mir wieder unbekannten Arzt.

In mir steigt die Verzweiflung hoch. Ich fühle mich nur mehr hin und her gestoßen und auch mein Mann findet die ganze Organisation fragwürdig.

Als mein Name aufgerufen wird und ich den Raum betrete, will man dann noch wissen, warum ich kein Blutröhrchen habe und ob an mir eine PET-Untersuchung vorgenommen wird, da man auf meinen Unterlagen ein kleines Post-it mit dieser Untersuchung angeheftet hat.

Meine Verzweiflung ist mir anzusehen. Hilflos meine ich nur noch, weil man mir kein Röhrchen gegeben hat, und ich habe doch vorige Woche diese Untersuchung gehabt. Sie müssen doch wissen, welche Untersuchung ich brauche und nicht immer ich.

Die Situation wird im selben Moment entschärft, da eine Schwester hereinkommt. Das Post-it bedeutet, kein Blutröhrchen, da die Daten von der PET- Untersuchung vorhanden sind.

Hilfloser kann man sich nicht fühlen. Als man mir dieses Ding in die Vene sticht, kommt kein Tropfen Blut mehr. Für die Krankenschwester momentan unerklärlich, für mich nicht. Sie versucht es mit Klopfen. Bei mir hat irgendwie auch das Blut in meinen Adern vergessen zu fließen.

Danach meine ich nur kurz, mir wird schlecht.

Als mein Mann sieht, wie man einen Art Rollstuhl holt, ahnt er bereits für wen.

Kurze Zeit später werde ich herausgeschoben mit Kanüle im Arm und Verzweiflung im Herzen.

Im Wintergarten haben wir nun zu warten, bis wir geholt werden. Mir ist kalt, kalt ist es eigentlich fast überall hier. Zum dritten Mal fülle ich ein Formular mit Größe, Gewicht, Alter und vielem mehr aus. Immer wieder das Gleiche, und das in einem digitalen Zeitalter. Dann kommt der Punkt, an dem ich weiß, das will ich so nicht. Ich gehe zum Schalter und gebe meiner Verzweiflung ein Gesicht. Kurze Zeit später hat ein Arzt für uns Zeit. Es ist ein anderer als beim letzten und vorletzten Mal. Ok, das muss ich verstehen, da heute dieser Dienst hat. Er ist anscheinend Brustchirurg und er trägt auch sein grünes Gewand.

Er teilt uns die Ergebnisse der letzten Untersuchungen mit und ich bin froh, dass mein Mann bei mir ist. Und ich bin froh, dass der Arzt sehr nett ist.

Ich bin auch froh, dass der Tumor noch nicht gestreut hat. Durch die Stechbiopsie hat sich bestätigt, dass es diese seltenere Krebsart ist. Lobuläres Mammakarzinom nennt man diese Art und er meint, das Gute in dieser Situation sei, dass es ein sehr langsam wachsender Tumor ist.

In Bezug auf die Lymphe erklärt er uns auch die bestehende Situation sehr genau. Auch anhand eines Bildes, sodass man eine Vorstellung bekommt.

Bei mir leuchtet bei einer Untersuchung ein Lymphknoten auf und uns wurde erklärt, wie man damit bei der OP umgeht.

Nächster Termin soll in einer Woche sein, dann liegen alle Ergebnisse vor. Einen Tag vorher findet ein Tumorboard statt, erklärt er uns, hier besprechen Ärzte verschiedener Fachrichtungen jeden Fall, also auch meinen.

Als wir den Raum verlassen, sind wir erleichtert. Ich bin mir zwei Minuten später schon wieder nicht mehr sicher, ob ich alles richtig gehört habe.

Mein Mann hingegen ist sich sicher, alles richtig gehört zu haben, und er ist sehr froh für mich. Endlich ein wenig Positives in dieser schrecklichen Zeit.

Wir machen uns auf den Weg in die Radiologie und zu meiner nächsten Untersuchung, einer MR-Mammographie.

Vor uns wird noch eine Frau in einem Bett in den Untersuchungsraum geschoben, danach kommt niemand mehr raus.

Um 8:00 Uhr wäre mein Termin für diese Untersuchung gewesen, jetzt ist es nach neun. Eine Schwester kommt aus dem Raum und erzählt uns von einem Notfall und einer Not-OP im Raum. Wir müssen ihr die Telefonnummer geben und sollen für gut eine Stunde weggehen.

Da wir noch nicht gefrühstückt haben, holen wir dies jetzt nach.

Mein Mann ruft noch unsere Jungs an und meine Mutter. Auch sie sollen von den doch erfreulichen Nachrichten sofort erfahren. Allen dreien fällt ein Stein vom Herzen.

Danach kaufen wir uns einen Häferlkaffee und einen großen Schwarzen. Dazu zwei belegte Weckerl. Auch in der Cafeteria finde ich es ungemütlich kalt. Beim Zurückgehen schlendern wir bei der Bücherei vorbei und legen einen kurzen Zwischenstopp ein. Ich sehe eine kleine Schachtel mit winzigen selbst gehäkelten Schuhen. Ich finde sie süß und weiß sofort, für wen ich sie brauche. Drei Paare, für meine Fast-Schwiegertochter, meine Freundin aus der Arbeit und meine Freundin aus Kindertagen. Drei unterschiedliche Frauen, die mir helfen, meinen schwierigen Weg zu gehen.

Danach nehmen wir wieder in der Radiologie Platz. Um diese Zeit wissen wir noch nicht, wie lange es dauern würde.

Es ist der Geburtstag meines Mannes, und manchmal geht er hinaus, um die Anrufe zu beantworten, da das Telefon auf lautlos gestellt ist. Auch seine Geschwister melden sich.

Er tut mir leid, seinen Geburtstag so verbringen zu müssen, und ich habe auch kein Geschenk aufgrund der Ereignisse der letzten Zeit. Damit, dass der Tumor nicht gestreut hat, hast du mir das schönste Geschenk gemacht, meint er.

Es dauert viereinhalb Stunden. Um 12:30 Uhr bin ich an der Reihe. Aber ein Notfall heißt nicht umsonst so und darum ist es auch zu verstehen.

Ich muss meine Sachen in einen Spind einsperren und ein Krankenhausnachthemd anziehen, das vorn zu öffnen ist. Danach muss ich kurz auf einem Sessel in einem schrecklich kalten Raum warten. Ich bin nur froh, dass ich mich von meinen Socken nicht getrennt habe.

Dann bin ich an der Reihe. Ich muss mich mit dem Bauch auf dieses Bett legen und meinen Busen durch die vorgegebene Vorrichtung stecken, danach werde ich an die Infusion angehängt. Mir wird auch noch der Ballon in die Hand gedrückt, falls ich Panik bekommen sollte, und ein Kopfhörer aufgesetzt.

Ich habe das Gefühl, dass sie echt im Stress waren.

Außerdem soll ich während der zwanzig Minuten der Untersuchung eher flach atmen. Dieses Mal fällt es mir echt schwer, mich abzulenken.

Ich denke an tausend Sachen und nach kurzer Zeit spüre ich ein Kribbeln in meinen Armen, die ich ausgestreckt über den Kopf halten muss. Sie sind eingeschlafen.

Zwanzig Minuten später werde ich wieder abgehängt und die Nadel aus meinem Arm gezogen. Ich bin fertig.

In der Kabine ziehe ich mich wieder an und mein Mann erzählte mir draußen, dass die Frau, die ebenfalls schon so lange mit mir gewartet hatte, nun den nächsten Notfall vorlassen muss.

Wir melden uns ab und ich nutze noch einmal die Chance zu fragen, warum Daten wie meine verschwinden können und warum ich zwar Sonderklasse versichert bin, aber keinen Nutzen davon habe. Auch hier treffen wir auf eine nette Dame, die versucht, uns die Situation so gut wie möglich zu erklären.

Danach machen wir uns auf den Heimweg. Ich bin sehr hungrig. Mein Mann ist weniger hungrig, sondern schrecklich müde. Jetzt merkt man, dass er aus dem Nachtdienst kommt und noch nicht geschlafen hat.

Schöner Geburtstag, an dem man nicht einmal schlafen darf.

Wo sollen wir um diese Zeit noch eine Kleinigkeit essen? Mir fällt ein Chinarestaurant ein, das direkt auf dem Heimweg liegt. Es ist 14:20 Uhr, in zehn Minuten würde zugesperrt.

Man meint aber nur, das Mittagsbuffet sei schon aus, aber von der Karte dürfen wir noch bestellen.

Wir können es kaum glauben, wo gibt es denn so etwas noch in der heutigen Zeit? Mein Mann nimmt die knusprige Ente und ich gebratene Nudeln mit dreierlei Fleisch. Wir sitzen ganz allein in dem großen Lokal. Die Sonne scheint durch die Fenster auf meinen Rücken und endlich ist mir einmal warm.

Das Essen, das uns kurze Zeit später serviert wird, ist herrlich. Ich habe solchen Hunger. Aber ich schaffe nur einen Teil und lasse mir den Rest einpacken.

Während des Essens meine ich zu meinem Mann: Schatz, ich habe das ganze Restaurant nur für uns allein reserviert, weil du heute Geburtstag hast.

Zu Hause angekommen, wollen wir nur noch schlafen. Die Tage im Krankenhaus saugen einem die Energie aus. Ich melde mich noch kurz bei meiner Leiterin, da sie mir bereits eine WhatsApp-Nachricht geschrieben hat, und auch bei meiner Freundin. Eine kurze Mitteilung versende ich auch an meine Kollegin in der Gruppe.

Einen Kurzbesuch bei meiner Mutter haben wir vorher gemacht.

Mein Mann schläft sofort ein. Ich glaube, es dauert keine zwei Minuten. Er ist irgendwie erleichtert und total übermüdet zugleich.

Meine Schwägerin, die mit den fünf Tagen Anlaufzeit, meldet sich. Genauer gesagt: Ich habe den Anruf kurz versäumt, mich aber entschieden, sie zurückzurufen, da sie durch den Geburtstagsanruf meines Schwagers bei meinem Mann weiß, dass wir im Krankenhaus gewesen sind.

Sie will den Stand der Dinge wissen. Mir ist nicht nach allzu vielen Auskünften. Auf die Frage, ob sie mich am Wochenende besuchen können, meine ich einfach: Ja, meldet euch einfach.

Um halb sieben kommen die Jungs und meine Fast–Schwiegertochter, um meinem Mann zu gratulieren. Sie bringen ihm sein Geschenk, einen Rad-Computer, und einen kleinen Muffin mit Kerze gibt es auch.

Wir singen ihm ein Geburtstagslied und es wird ein sehr unbeschwerter Abend. Es ist ein richtig guter Abend, der mir zeigt, warum ich wieder gesund werden muss.

In den meisten Nächten schlafe ich schnell ein, werde aber ein paar Stunden später wieder wach und liege dann oft sehr lange, manchmal bis zum Morgen wach, bis ich wieder einschlafen kann.

Als ich aufstehe, hat mein Mann schon die ganzen Gläser abgewaschen und den Rest sauber gemacht. Er bemüht sich in jeder Hinsicht, obwohl ich im Tagesablauf meine Arbeiten natürlich selbst erledige. Mir tut nichts weh. Meine rechte Brust hat sich schon seit ein paar Tagen wieder beruhigt, nur müde und zäh bin ich. Zu Mittag kochen wir uns etwas und dann steht plötzlich ein silbernes Auto in der Einfahrt.

Meine Freundin aus der Arbeit steht mit einem Strauß frische Gerbers vor der Tür und meint, die sind für dich.

Ich mag sie, ich mag sie wirklich, und ich bin über ihre Freundschaft und über ihre Fürsorge in den letzten Tagen um mich sehr froh.

Ich übergebe ihr die kleinen Schuhe, so wie ich sie gestern der Freundin meines Sohnes gegeben habe. Drei Paar Schühchen, für drei Frauen ganz unterschiedlicher Art, die mir auf meinem schweren Weg helfen.

Am Nachmittag meldet sich auch meine Schwägerin vom Ort.

Auch sie fragt mich über gestern. Auch hier bleibe ich bei Grundlegendem.

Da sie bei einem Zahnarzt arbeitet, erklärt sie mir, dass der Zahn, den ich mir vor mindestens zehn Jahren von der dortigen Zahnärztin ziehen ließ, mit dem Brustmeridian verbunden ist.

Momentan überfliegt mich ein Hauch von Interesse, aber sofort danach denke ich mir, wenn ich Zahnschmerzen habe, muss ich auch weiterhin zum Zahnarzt gehen. Ich glaube nicht, dass ich wirklich wissen will, mit welchem Organ er verbunden ist und wo ich in den nächsten zehn Jahren dadurch ein Problem bekommen könnte.

Ich bin überzeugt, dass der Körper ein Wunderwerk ist und es viele Zusammenhänge gibt, siehe TCM, aber mit Backenzähnen und Brustkrebs wollte ich mich jetzt echt nicht befassen.

Am Abend fährt mein Mann wieder in den Dienst. Ich schreibe und schreibe. Um kurz vor Mitternacht kommt mein Sohn nach Hause und auch ich schalte den PC aus.

Wir sind so viele, das merke ich auch, wenn mein Mann oder meine Freundinnen erzählen, von Frauen, die ich nie kennengelernt habe und die alle diese Diagnose vor mir bekommen haben. In den dreieinhalb Wochen, die seit der ersten Untersuchung vergangen sind, haben vermutlich wieder viele so eine Schreckensnachricht bekommen.

Manche dürfen aussteigen aus diesem Karussell, aber wir sind viele, die noch einen weiten Weg vor sich haben.

Vielleicht sollte ich meine Geschichte teilen. Wäre meine Geschichte in einen Einband gebunden, dann wäre er rosa. Ein zartes Rosa, nicht weil es die Lieblingsfarbe vieler Mädchen ist, nein, weil es die Farbe von Brustkrebs ist. Der Schriftzug wäre Jeansblau, weil es meine Farbe ist, und der Titel würde bereits passen. Kurz und knapp. So, dass man sich sofort auskennt, einem das Buch sofort in die Augen fällt und man gleich wieder verschwinden kann in der Nüchternheit der Menschenmenge.

Wenn man die Diagnose Brustkrebs bekommt, fühlt man sich unter vielen Menschen nicht mehr so wohl, ich fühle mich unter Menschen nicht mehr so wohl. Man fühlt sich ein bisschen schutzlos, vor allem gegenüber Mitmenschen mit wenig Gespür.

Gespür haben übrigens fast alle unsere Bekannten und Freunde. Sogar die aus dem Bekanntenkreis meiner Mutter.

Da auch sie ziemlich ruhig geworden ist und sich einfach weniger bei Freunden gemeldet hat, sind auch diese stutzig geworden, was denn los sei mit ihr. Natürlich glauben alle, es wäre die Schulter-OP, die immer näher rückt.

Ich habe ihr gesagt, sag es auch du deinem engsten Kreis an Freunden, dann können sie dich verstehen und es ändert doch nichts mehr.

Meine Mutter hätte, als sie von meiner Diagnose erfahren hat, alles abgesagt.

Ich kann und will nicht so egoistisch sein. Wir liegen womöglich beide zur gleichen Zeit im Krankenhaus. Wer soll dir helfen, wenn dein Mann in der Arbeit ist, und wer kocht?

Es ist Schwerstarbeit gewesen, sie zu überzeugen, dass ich diese Lösung nicht will. Ich habe zwar überhaupt keine Ahnung mehr, wie alles funktionieren soll, aber so will ich es nicht. Sie kann ihren Arm nicht einmal mehr zum Kopf hochheben und an manchen Tagen nicht einmal mehr mit dem Besteck zum Mund fahren.

Im März war sie noch topfit, ich auch. Bei meiner Mutter kamen die Schmerzen sehr rasch und ich trug den Krebs in mir und hatte keine Ahnung.

Ich schicke sie an dem Tag noch zum Hausarzt, vielleicht hat er die Lösung.

Er setzt ihr ein Schreiben auf mit der Bitte an den zuständigen Arzt um einen lückenlosen Aufenthalt im Krankenhaus, Geriatrie und Reha, bis sie sich selbst im Haushalt wieder helfen kann, da ich an einem Mammakarzinom erkrankt bin.

Damit sind wir beide einverstanden. Ich mehr als sie. Sie will mir helfen, ich will, dass auch sie die Schmerzen loswird. Jetzt haben wir vermutlich eine Lösung, bei der sie das Gefühl hat, dass sie uns keine zusätzliche Arbeit macht.

Ihr Freundschaftskreis wird sie besuchen, das weiß ich. Meine Männer würden versuchen, beiden gerecht zu werden, und ich habe meine Freunde und beginne nun zu versuchen, Hilfe von Freunden, die mir angeboten wird, wenn ich sie brauche, anzunehmen.

Meine Fast-Schwiegertochter, ihre Mutter, meine Freundin aus Kindertagen und meine Freundin aus der Arbeit. Auch weitere Freunde boten sich an.

Für meine Schwiegermutter bin ich aus irgendeinem Grund mehr oder weniger verloren gegangen. Gerne würde ich jetzt einen Psychologen an meiner Seite haben, der mir dieses Phänomen erklärt.

Wie kann jeder Fremde wissen, wie man sich in so einer Situation benimmt, nur sie nicht?

Meine Schwiegermutter, mit der ich sechsundzwanzig Jahre gut ausgekommen bin und mit der ich in den vielen Jahren nie Streit hatte, hat sich seit der Geburtstagsfeier bei unserem Sohn vor drei Wochen nicht einmal bei mir gemeldet oder sich nach mir erkundigt.

Auf einen Anruf meines Mannes hin hätte ich mir nur Blumen holen können, die sie an diesem Tag von jemandem bekommen hat.

Ja, und dann war noch die Sprachnachricht einen Tag vor seinem Geburtstag, er könne sich das Geburtstagsgeld holen. Was ihm natürlich nicht im Traum eingefallen wäre, es tatsächlich abzuholen.

Schwägerin mit fünf Tage Anlaufzeit macht ihrem üblichen Benehmen wieder alle Ehre. Viele Jahre hat sie mich immer erst einen Tag nach meinem Geburtstag angerufen. Danach war irgendwann mein Schwager für den Geburtstagsanruf zuständig. Ich glaube, sie wollte mir in den ersten Jahren zeigen, dass ich nicht ganz so wichtig bin.

Jetzt spielt sie gerade das gleiche Spiel. Am Donnerstag nach ihrem Anruf will sie mich am Wochenende besuchen.

Heute ist Sonntag, kurz vor 11:00 Uhr. Das gleiche Schema. Ich brauche sie einfach nicht mehr, sie tun mir weh und sie wissen es.

Heute kommt eine Freundin um 14:00 Uhr zu mir. Ich habe also eine ehrliche Ausrede, falls sie sich erst am Nachmittag meldet.

Neid ist eine komische Eigenschaft, ich weiß nicht, warum sie in so vielen Menschen verankert ist. Ich bin auf niemanden je neidisch gewesen. Vielleicht sind es gerade diese Eigenschaften, die ich ausstrahle.

Man hat mein ganzes bisheriges Leben gemerkt, dass ich glücklich bin, mein Mann und ich uns auch nach über siebenundzwanzig Jahren noch wirklich lieben und wir einen wirklich guten Umgang mit unseren Kindern haben.

Vermutlich sind diese Dinge bereits genug, um Neid und Intrigen entstehen zu lassen.

Aber sie schaffen es, sie tun mir weh und mein Mann merkt es mittlerweile ebenfalls sehr deutlich, dass ihre SMS nicht ganz so ernst gemeint war.

Gestern am Abend habe ich noch eine WhatsApp–Nachricht bekommen. Als wir heuer den Johannisweg gegangen sind, haben wir am letzten Tag, auf der letzten Etappe, ein Paar kennengelernt.

Nach zwei Stunden gemeinsamer Wanderung erfuhren wir am Ziel vor der kleinen Pfarrkirche in Pierbach unverhofft von ihrem Grund, diese Pilgerwanderung zu machen.

Das Leben hatte ihnen vor zwei Wochen ein fast nicht zu verkraftendes Schicksal auferlegt.

Nachdem wir es wussten, saßen wir noch eine Zeitlang beisammen. Wir hörten ihnen einfach zu.
Später rief ich sie einmal an, ich wollte ihr sagen, dass wir für sie da sind, falls sie einmal rausmüssen und reden möchten.

Jetzt ging sie den Weg noch einmal und schickte mir Fotos. Wunderschöne Herbststimmungen. Ich habe ihn bereits mitgetragen, den Brustkrebs, als ich mit meinem Mann diesen Weg im August gegangen bin. So unbeschwert, so unbekümmert.

Ich habe ihn bereits die ganze Strecke mitgetragen, den Krebs in meiner rechten Brust.
Was soll ich ihr schreiben außer der Wahrheit? Das tue ich auch. Ich schreibe ihr, dass ich nie im Leben gedacht hätte, mein Versprechen, dass sie sich immer (Zeit unbegrenzt) mit uns in Verbindung setzen können, wenn sie einmal reden wollen, nicht einhalten kann, da ich an Brustkrebs erkrankt bin.

Keine fünf Minuten später bekomme ich eine Antwort. Jeder ist sprachlos, aber jeder weiß, wie man handelt. Ganz gleich, ob man sich seit Kindertagen kennt oder ob man sich erst vor zwei Monaten kennengelernt hat.

Es wird nie mehr so werden mit meiner Verwandtschaft, wie es einmal gewesen ist. Es wird kein gemütliches Beisammensein mehr geben. Keine Geburtstagsfeiern und keine gemeinsamen Steiermark-Reisen. Sie machen gerade alles kaputt mit ihrem Benehmen.

Um 14:00 Uhr kommt mein Besuch. Sie hat mich vor zwei Tagen angerufen und will mit mir bei diesem schönen Wetter spazieren gehen. Wir haben uns schon längere Zeit nicht mehr gehört, aber so ist das meistens bei uns. Kennengelernt haben wir uns durch unsere Kinder in der ersten Klasse Volksschule. Mein Jüngster, strohblond, hatte sich ein Mädchen auserkoren, schokobraun, und gemeinsam spielten sie bei einem Theaterstück Hänsel und Gretel.

So kamen wir ins Gespräch. Es entstand eine Freundschaft, die auch zwanzig Jahre später noch existiert.

Als ich es ihr am Telefon sage, ist sie momentan sprachlos gewesen, kurz danach hat sie mir eine Nachricht geschrieben, ob sie am Wochenende kommen könnte.

Nun ist es soweit. Sie umarmt mich bereits innig beim Hereinkommen ins Haus. Am Küchentisch sitzt sie neben mir und sie hält ganz fest meine Hand. Ein schönes Bild, diese dunklen und hellen Hände ineinander.

Ihre Heimat ist Mauritius und so hat sie auch angefangen. Bei uns würden bei so einer Nachricht alle zusammenlaufen, meint sie, alle, das halbe Dorf würde kommen und dich umarmen und mit dir weinen und wieder fröhlich sein.

Hier ist alles anders, meint sie und erzählt mir, dass sie sich im Internet schlaugemacht hat, um nichts Falsches zu tun.

Sie weiß auch genau, dass meistens bei unseren Treffen und Gesprächen ich ihr zuhöre und sie erzählt. Jetzt will sie aber für mich da sein.

Wir sprechen über Religion. Egal ob Gott oder Shiva, es gibt ihn, meint sie, und du hattest bis jetzt in deinem Leben immer Glück. Glück mit deinem Mann, deinen Kindern, du hast ein so schönes Haus und bist glücklich in deiner Arbeit. Du hattest sogar in deinen Urlauben immer Glück und du wirst auch hier Glück haben.

Du darfst jetzt nicht undankbar sein, meint sie eindringlich. Bete weiter, vielleicht ist es eine Prüfung.

Ich erzähle ihr auch von meiner Verwandtschaft und dass sie mir sehr wehtun mit ihrem Benehmen.

Auch darauf hat sie Worte, die mir im Nachhinein sehr geholfen haben.

Sie meint: Wäre es dir wichtig, wenn sie dich besuchen?

Ich antworte spontan, nein, jetzt irgendwie nicht mehr.

Warum verschwendest du dann so viel Kraft damit, an sie zu denken? Verzeih ihnen, denn Verzeihung ist der Schlüssel zum Glück, und verschwende nie wieder einen Gedanken an sie.

Ich denke noch lange über die Worte nach, über das Beten und über die Verwandtschaft, aber dann lasse ich das eine los und beginne mit dem anderen wieder. Ich will nicht geprüft werden und wenn doch, dann will ich die Prüfung in meinem Leben bestehen, am besten mit sehr gut.

Als mein Mann nach Hause kommt, fragt er mich nur kurz: Hat sich bei dir jemand gemeldet? Und da ich verneine, meint er nur, bei mir auch nicht.
Jetzt erkennt auch er immer mehr.
Zu diesem Zeitpunkt habe ich sie bereits seit dreieinhalb Stunden losgelassen und fühle mich sogar besser. Jetzt will ich nicht einmal mehr ein „Warum" wissen.

An diesem Nachmittag und Abend beginne ich in den Büchern zu lesen, die mir die Mutter meiner Fast-Schwiegertochter mitgebracht hat. Ich fange genau mit dem an, von dem sie meinte, das solle ich als erstes lesen.

Ich lese und lese und kann immer weniger verstehen, warum ich Krebs bekommen habe. All die Lebensmittel, die vor Krebs schützen aufgrund ihrer Inhaltsstoffe, esse und liebe ich. Ich habe mein ganzes Leben bis jetzt auf Dinge geachtet, an die manche anderen Frauen nicht einmal einen Gedanken verschwenden. Wie zum Beispiel keine Plastik-Kuchenbehälter fürs Backrohr, Wasser in Glasflaschen, kein Aluminium in Achselsprays, kein Gift und Kunstdünger im Garten und so weiter. Die Liste könnte ich die nächsten beiden Seiten weiterführen, so viele Dinge wären es.
Ich lebe schon immer so, weil ich mich dafür interessiere, weil ich die Natur liebe und es meiner tiefsten Einstellung entspricht.
Wie soll ich meinem Krebs den Nährboden entziehen, wenn er sich auf so einem gesunden Nährboden entwickelt hat? Sogar bei der Kleidung, der Bettwäsche, bei den Putzmitteln achte ich auf Naturfasern und Altbewährtes wie Essig und Soda.

Ich könnte nichts ändern, ich habe einfach nur Pech, das ist meine Erkenntnis.
Trotzdem lese ich weiter und weiter und weiter, und je mehr ich lese, desto mehr kommt an diesem Sonntagabend nach 22:00 Uhr eine andere Theorie in den Vordergrund.

Könnte es sein, dass es genau umgekehrt war? Könnte es sein, dass mein Brustkrebs deshalb langsam wachsend ist und noch nicht gestreut hat, weil er nicht den günstigsten Nährboden findet? Die Idee kommt mir plausibel vor. Auf die Frage, warum dann überhaupt Krebs bei mir, gibt es trotzdem keine Antwort.

Ich schreibe mir die wichtigsten Lebensmittel auf eine Einkaufsliste und bin an diesem Abend kampfbereit, Skorpione sind stärker, giftiger oder was weiß ich was als Krebse.

Ich nehme für mich die Bezeichnung Skorpion, auch bei der Überschrift, beim Titel meiner Geschichte, weil ich im November geboren bin. Mein Sternzeichen ist Skorpion und in zwei Wochen werde ich fünfzig.

Auch in dieser Nacht kann ich schlecht einschlafen, ich bin sehr aufgewühlt.

Am nächsten Morgen zeigt die Waage bereits drei Kilo weniger an. Ich will einkaufen fahren und dazu muss ich in die sechzehn Kilometer entfernte Stadt, da ich in unserem Ort diese Lebensmittel nicht bekommen würde.

Ich brauche bis 11:30 Uhr am Mittag, ich habe echt ein Problem, unter Menschen zu gehen. Um diese Zeit ruft mein Mann an und am Telefon erkläre ich ihm: Sobald unser Gespräch beendet ist, fahre ich los.

So mache ich es dann auch.

Zuerst habe ich ein Reformhaus in einer Shoppingmeile im Kopf. Dann fällt mir aber ein kleiner Laden in der Innenstadt ein, dort will ich hin.

Es ist exakt 11:58 Uhr und als ich die Öffnungszeiten sehe und keine Leute mehr im Laden, weiß ich, dass bereits geschlossen sein würde.

Weil du so lange gebraucht hast, denke ich, und greife doch zur Türklinke.

Im selben Moment wird mir geöffnet und ich darf wirklich noch hinein. Ich freue mich sichtlich und meine, ich würde aber einen Großeinkauf machen. Nun freut sich sichtlich die Verkäuferin.

Das Reformhaus ist klein und menschenleer und ich beginne meine Lebensmittel aufzuzählen. Olivenöl, kalt gepresst „nativ extra" bio, wenn möglich, Leinöl, grüner Tee aus Japan, wenn möglich, Kurkuma. Jetzt sieht sie mich an.

Spätestens jetzt weiß die erfahrene Verkäuferin, was mit mir los ist. Ich erzähle ihr von meiner Diagnose und sie bemüht sich sehr. Auch die zweite Dame im Laden sitzt still an der Kasse und meint, ich soll mir ruhig Zeit lassen.

Ich begegne wirklich so vielen netten Menschen in dieser schrecklichen Zeit und denke an die Menschen vor ein paar Tagen im Chinarestaurant.

Mit Lavendelöl zur Beruhigung für meine Duftlampe schließe ich meinen Einkauf ab.

Ich zahle ordentlich und denke mir, krank sein muss man sich auch leisten können. Trotzdem sehe ich meinen Einkauf als Schatz an.

Brokkoli, Biotomaten, Seitlinge, das sind Pilze, besorge ich mir noch in einem Supermarkt und dann fahre ich ohne Umweg nach Hause in meine kleine Schutzhöhle.

Ich habe bereits großen Hunger. Es war nach 13:30 Uhr. Da ich keine Rezepte besitze, aber kreativ bin, tue ich, wie ich es im Buch gelesen habe. Möglichst viele dieser Lebensmittel mischen.

Ich schneide Zwiebel und Knoblauch und brate sie in Olivenöl leicht an. Gebe die kleinen Stücke Bio-Lachs dazu und etwas später die Kräuterseitlinge. Gewürzt wird das Ganze mit besonderem Salz, Kurkuma und Rosmarinpulver.

Dazu trinke ich grünen Tee und als Nachspeise ein Stück dunkle Schokolade mit siebzig Prozent Kakaoanteil und einen Pfirsich.

Ich habe es geschafft, zehn Antikrebslebensmittel unterzubringen, und es schmeckt noch dazu ausgezeichnet. Eigentlich elf, denn ein Stück Vollkornbrot habe ich auch noch dazu gegessen. Ich bin stolz und ziemlich satt.

Am Abend bekommt auch mein Sohn eine etwas abgewandelte Form meines Menüs. Ich will es ihn kosten lassen, ihn aber nicht in Zukunft dazu zwangsverpflichten.

Er ist Sportler, er war es schon immer, und liebt mit seinen vierundzwanzig Jahren seine Muskeln, Klettern und „Downhillen".

Seine Reaktion ist: Das schmeckt sehr gut, das kannst du öfter machen.

Zum Abendessen gibt es heute ein Vollkornbrot mit etwas Butter und Tomaten.
Danach werde ich lesen, vermutlich bis tief in die Nacht. Heute war ein Tag mit überwiegend positiven Gedanken, die dem Krebs die Stirn bieten wollen.

Meine Schwägerin, fünf Tage, ruft gerade an. Ich lasse es läuten, habe ich doch gesagt.

24. Oktober

Komisch, heute klopft mein Herz schon schnell, nur weil ich beim Wachwerden an morgen denke. Morgen muss ich wieder nach Linz. Morgen ist Befundbesprechung Nummer zwei. Morgen erfahre ich alles, was bei den Untersuchungen herausgekommen ist und hoffentlich, wie es weitergeht.

Ich möchte endlich, dass es losgeht und natürlich habe ich auch große Angst, vor allem, was auf mich zukommt.

Aber wir sind so viele, die täglich, monatlich, jährlich diese Diagnose bekommen, und alle müssen auf irgendeine Weise da durch.

Ich möchte nur nicht wieder mit einem anderen Arzt sprechen, ich möchte womöglich den ersten, weil ich glaube, dass er es kann und versteht und nur seine Art durch die Jahre abgestumpft ist – und weil er, als die Schwester mich angeflogen hat, ein ganz kleines bisschen zu mir gestanden hat und weil er netter war, nachdem ich ihn angesprochen habe.

Eigentlich habe ich momentan nichts Neues zu schreiben, aber ich muss, ich will schreiben.

Eine Therapie kann man auch nicht einfach absetzen und schreiben ist meine selbst verordnete Therapie, um mir die Ängste von der Seele zu schreiben, die Zeit vergehen zu lassen und über Losgelassenes nicht wieder zu reden.

Draußen hat es nur mehr acht Grad und es regnet. Die roten Blätter meines Bergahorns, die noch vor wenigen Tagen wie ein Feuer geleuchtet haben, sind alle abgefallen und liegen irgendwie müde, ungebraucht und erschöpft auf der Wiese. Die jetzt kahlen Äste stehen steif in alle Richtungen und Tausende kleine Regentropfen hängen an ihnen. Es kann auch wieder etwas schön sein, wenn es anders ist, denke ich mir. Man muss nur die andere Schönheit darin entdecken.

Wenn ich schreibe, werde ich ruhiger, es ist eine kleine Meditation für mich, ein Abtauchen. Im ersten Buch, das ich über Krebs lese, schreibt der Autor, dass es gut ist für den Krankheitsverlauf, zu meditieren. Man muss keine spezielle Technik kennen. Den Atem ruhig fließen zu lassen und sich gerade die Atempausen bewusst zu machen, genügt.

Das bekannteste Mantra des Buddhismus ist, so schreibt er in seinem Buch:

Om-Mani-Padme-Hum. Ich kann es mir sofort merken.

Yoga interessiert mich seit vielen Jahren. Aber in einer Gegend wie jener, in der ich wohne, ist es nicht so leicht, an Yoga zu kommen.

Ich weiß noch genau, es war in einem Urlaub mit meinem Mann und einem befreundeten Ehepaar in einem wunderschönen Hotel am Meer in Opatija.

Dort war in dieser Woche ein bekannter Yogameister. Er gab auch Schnuppereinheiten zum Kennenlernen und da nur ich hellauf begeistert über diesen Zufall war und mein Mann und unsere Bekannten nicht, ging ich alleine hin.

Ich hatte auch keine passende Kleidung mit, aber einen sehr schönen Pyjama mit dunkler Hose. So war meine erste Yogaeinheit in Nachtwäsche.

Danach begann ich Yoga in einem Bildungshaus und erst die letzten beiden Jahre bei einem Schulfreund aus meiner Volksschulzeit.

Der Hohn an dem Ganzen ist für mich immer wieder das Gleiche. Ich lebe seit jeher gesund, liebe Yoga, bin glücklich und habe trotzdem Krebs bekommen.

Warum ich? Es passt so gar nicht zu mir. Auf diese Worte antwortete mein Mann vor einiger Zeit: Aber zu wem passt es schon!

Keine Ahnung, aber nicht zu mir, und dass seelische Probleme Krebs auslösen können, kann ich mir auch nicht vorstellen. Wenn jeder, der einen geliebten Menschen verliert, wie ich meinen Vater,

Krebs bekommen würde, dann wären wir plötzlich zu viele. Daran glaube ich auch nicht.

Heute ist Donnerstag, der 26. Oktober, und es ist bereits 17:00 Uhr am Abend.
 Heute fällt es mir zum ersten Mal schwer zu schreiben. Vermutlich brauche ich auch deshalb so lange. Nicht zu schreiben geht aber auch nicht. Meine Finger wandern langsamer über die Tastatur meines Laptops. Ansonsten bin ich oft ganz nervös beim Schreiben, wenn ich emotionale Erlebnisse wiedergebe, oder ich spüre die aufsteigende Ruhe in mir, wenn ich Dramatisches für mich geschrieben und hinter mich gebracht habe.
 Heute ist es anders. Ich fühle mich leer, lahm und habe in diesen paar Zeilen schon lauter rot unterstrichene Wörter, da ich weiß, was ich auf den nächsten Seiten zu schreiben habe.

Gestern sind mein Mann und ich wieder nach Linz gefahren. Ich bin übermäßig aufgeregt gewesen. Mein Mann hat mich während der Fahrt beruhigt und zu mir gemeint: Letzte Woche haben sie dir die Ergebnisse von drei Untersuchungen gesagt, was soll denn heute um so viel anders sein, außer dass sie dir den Operationstermin sagen werden!
 Er hat recht gehabt und ich bin trotzdem nervös geblieben.
 Wie immer sind wir pünktlich gewesen. Es hat auch heute einen leichten Morgenverkehrsstau gegeben, aber wir fahren mittlerweile um vieles früher weg und lassen uns vom Navi keine Alternativroute unterjubeln.
 An der Anmeldung kennt uns die Dame noch, ich suche sie mir auch bewusst aus. Sie meint sofort, diesmal haben wir den Zusatz „Sonderklasse versichert" noch, auch den Hausarzt und die Frauenärztin, die die Befunde zugesandt bekommen. Den Radiologen fügt sie noch hinzu, der ist trotz allem zwischen dem ersten und dritten Besuch im Krankenhaus auf der Strecke geblieben.
 Ich habe direkt ein kleines gutes Gefühl und keine Ahnung, dass mir das heute noch sehr abhandenkommen sollte.

Danach nehmen wir in der Brustambulanz Platz. Zum vierten Mal sitze ich nun auf diesen Sesseln, vor dieser Tür.

Mein Termin ist um 9:20 Uhr. Es wird viel später, darauf weist ein Schild an der Tür hin. Verschiedene Fälle brauchen unterschiedlich Zeit und somit wird um Verständnis gebeten.

Das verstehen wir auch, aber es sind eben auch Leute hineingegangen, die viel später gekommen sind, was wir wiederum nicht verstehen.

An einem Schild neben der Tür, sie werden mit einer Art Klettverschluss befestigt, lese ich den Namen eines mir wieder unbekannten Arztes. Zwei hätte ich bereits gekannt, nun muss ich mich damit abfinden, dass ebendieser heute Dienst hat.

Als er eine Patientin vor mir in den Raum bittet, meint mein Mann zu mir, er sieht ganz nett aus.

Ich glaube, es ist ungefähr 10:10 Uhr, als die Schwester mich in den Raum bittet. Auch diesmal darf mein Mann mit mir in den Raum kommen und wir setzen uns an dieselbe Stelle und auf dieselben Sessel.

Zuerst verwechselt er mich mit einer anderen Patientin, indem er einen ganz anderen Namen nennt. Danach meint er: Sie werden vom Krankenhaus nebenan geschickt, und als er bereits die Verzweiflung in meinem Gesicht sehen kann, meint er, er müsse sich kurz in den Fall hineinlesen.

In meiner Verzweiflung bestätige ich ihm, er solle sich doch wirklich zuerst hineinlesen.

Danach verkündet er mir und meinem Mann ganz emotionslos, dass man noch zwei weitere Tumore in meiner rechten Brust gefunden hätte, dass man mir meine rechte Brust entfernen müsse und dass mein BI von fünf auf sechs hinaufgestuft wurde. Das sind Einteilungen bei der Mammographie, die über die Tumorwahrscheinlichkeit Auskunft geben.

Ich weiß noch die verzweifelte Frage meines Mannes, wie viele Stufen es denn gäbe, und er meint: sechs Stufen.

Wir sitzen dem Arzt gegenüber mit einer Verzweiflung, mit einer Todesangst, in die er uns versetzt hat, die ihresgleichen sucht.

Auf meine Frage fährt er fort, er wolle nicht über Überlebenschancen reden, es komme immer darauf an, wie gut die OP verläuft und wie viel man von dem tumorösen Gewebe erwischt und so weiter. Ich habe das Gefühl einer Antilope vor den Augen eines Löwen. Ich bin starr und fühle mich ausgeliefert und bereit, gefressen zu werden.

Auf das Dilemma, das immer nur eine Untersuchung in der Woche stattfindet und zwischen einer Untersuchung und der nächsten eine Woche vergeht, meint er lächelnd: Wir sind noch immer in der Zeit, und die nächste Untersuchung wäre wichtig, das wäre im Tumorboard gestern besprochen worden.

Ein Tumorboard, das weiß ich inzwischen, ist eine einwöchig stattfindende Versammlung von Ärzten verschiedener Fachrichtungen, die einen Fall, also einen Patienten wie mich, besprechen.

Aber vorige Woche bei der Befundbesprechung hat man vom eventuellen Entfernen eines Lymphknotens gesprochen und von einem brusterhaltenden Eingriff.

Meine Verzweiflung ist bodenlos.

Ich bin so verzweifelt und als er meint, einen Termin für diese Untersuchung suchen zu müssen, bricht es aus mir heraus. Ich würde heute auf keinen Fall nach Hause gehen und irgendwann nächste Woche wieder zu dieser Untersuchung kommen und wieder eine Woche warten, bis ich ein Ergebnis erfahre.

Ich will sie heute, egal wann, ich gehe bestimmt nicht wieder aus diesem Raum, ich weiß nicht, was ich in meiner Angst, dass es mich womöglich nicht mehr lange gibt, in die er mich gebracht hat, noch alles gesagt habe.

Ich weiß noch, dass er meinte ob ich eine Ahnung habe, wie ausgelastet die Geräte sind. Mir ist das scheißegal.

Er meint, er wolle schauen, welche kompetente Kollegin Dienst hätte, und er würde es möglich machen.

Wir gehen wie in Trance in die Radiologie, setzen uns in den Wartebereich, in dem noch viele Frauen sitzen. Ich höre, wie Frauen miteinander reden, dass man heute lange warten müsse. Sehe Frauen, die aus der Tür kommen, an der „Mammographie" steht. Eine Schwester, die abwechselnd sagt, Sie können nach Hause gehen, alles in Ordnung oder bis in einem Jahr.

Mein Mann und ich sind bewegungslos. Er hält meine Hand, ich lehne meinen Kopf ans Bücherregal, durch meine Jacke geschützt.

Ich weine still vor mich hin, denke daran, dass ich kein Testament habe und ich im Grab meines Vaters beerdigt werden möchte. Ins Familiengrab der Ahnen meines Mannes, dessen Namen ich seit fünfundzwanzig Jahren trage, will ich nicht, da dort irgendwann vermutlich auch meine Schwiegermutter einmal sein würde.

Irgendwann fragt eine Frau vor mir, ob man sie nicht vergessen hätte, da sie seit Stunden warten würde, und die Schwester meint, jeder hier will eine genaue Untersuchung und darum dauert es. Ich frage auch, ob man mich nicht vergessen würde, da man für mich nur von oben angerufen hätte.

Nach gut einer Stunde meint die gleiche Schwester zu mir: Sie sind die Nächste. Von der Reihenfolge her bin ich es nicht, das weiß ich.

Als ich in der kleinen Umkleidekabine allein bin, breche ich in Tränen aus. Endlich kann ich ungehindert heulen. In so einer kleinen Kabine war ich nichts ahnend vor vier Wochen beim Radiologen.
  Die Schwester kommt zu mir. Ich weiß nicht, was sie meinen Worten entnehmen kann, denn ich bin buchstäblich am Ende.

Wieder sitze ich in einer kleinen Kabine in einem Röntgenbereich, einen Becher Wasser in der Hand.
  Ich glaube, sie hat mir über die Schultern gestrichen, mich wenig später gebeten, auf der Liege neben dem Monitor Platz zu nehmen und mir die Tücher zum Abwischen für danach in die Hände gegeben.
  Auf die Frage: Soll ich Ihren Mann fragen, ob er zu Ihnen hereinkommen möchte, sage ich nur: Fragen Sie ihn.
  Da waren wir. Zwei Häufchen Elend in einem dunklen Raum. Ich schlottere am ganzen Körper. Mein Mann hält meine Hand und sitzt am Fußende der Liege.

Die Ärztin, die den Raum betritt, erkennt die Situation, obwohl ich mich bereits etwas beruhigt habe. Sie setzt sich neben mich und hält meine Hand.

Dieses nur An-der-Hand-halten ist so ungemein menschlich, dass der nächste Tränenanfall ungebremst über mich hereinbricht.

Ich weiß, dass ich ihr erzählt habe, dass ich so herumgeboxt werde, dass ich verwechselt werde und man meine Daten verliert und ich nach der heutigen Diagnose einfach nicht mehr kann, und das meine ich aus tiefster Überzeugung.

Ich weiß, dass sich ihre Stimme zum ersten Mal weich anfühlt. Ich weiß, dass sie es ernst mit mir meint und versucht, mich einfach nur zu verstehen.

Die Hand auf meiner, darüber bin ich ihr auch während des Schreibens noch dankbar, sehr sogar. Auch sie kann die Diagnose nicht ändern, aber ich fühle mich als Mensch.

Sie erzählt mir, dass sie mich kennt, vom Tumorboard gestern. Wir alle kennen Sie, meint sie, und damit meint sie das Ärzteteam.

Danach untersucht sie meine rechte Brust und zeigt mir die dunklen Stellen.

Während ich mich abwische und wieder nach oben gehe, um erneut vor der Tür der Brustambulanz zu warten, würde sie oben anrufen.

Es sind wirklich nur wenige Minuten gewesen, in denen wir trotz vieler Leute auf dieser Sesselreihe eng aneinandergeschmiegt vor dieser Tür gewartet haben.

Ich habe weder Angst noch irgendein Gefühl. Es gibt mich einfach nicht mehr.

Als mein Name aufgerufen wird und wir in den zweiten Raum eintreten, in dem wir noch nie waren, sehe ich sie. Es ist die Ärztin, deren Bild ich von der Homepage des Krankenhauses kenne.

Ich habe es vom ersten Augenblick an fast nicht glauben können, dass ich hier sein darf und nicht dem Arzt vom Vormittag gegenübersitze.

Auch ihr erzähle ich, glaube ich, viel. Auch sie erzählt mir die Diagnose von der Brustentfernung, aber anders.

Sie gibt mir einfach eine Chance, sie hebt hervor, dass er nicht gestreut hat. Sie ist einfach Ärztin und Mensch zugleich.

Und ich lasse mich fallen, in Hände, von denen ich mir sicher bin, sie würden mir helfen.

Als sie den Raum verlässt, um einen Operationstermin abzuklären, weint mein Mann. Ich habe ihn noch nicht oft weinen sehen.

Freudentränen bei der Geburt seiner Söhne, Tränen der Trauer beim Tod meines Vaters, seinem Schwiegervater, Tränen nach meiner Diagnose und Tränen der kleinen Erleichterung nach den Worten dieser Ärztin, die mir Chancen gibt und uns, auf eine weitere gemeinsame Zeit.

Die Schwester, die als Erste wieder den Raum betritt und die auch am Vormittag bei unserem Gespräch an einem PC im Raum gesessen hat, meint nur, das war ein sehr unglückliches Gespräch. Das kann man wohl sagen.

Wir vereinbaren einen Operationstermin.

Ich bin Skorpion, Krebs unerwünscht, so hat mein Buch begonnen. Ich habe beschlossen, ein Buch zu schreiben, da wir so viele sind und ich vielleicht durch meine Geschichte zeigen kann: Wir sind alle irgendwie nicht allein und doch ganz für uns allein.

Es ist, glaube ich, leichter, im Nachhinein zu schreiben, wenn man alles geschafft hat und erleichtert zurückblicken kann. Für mich ist es wichtig, jetzt zu schreiben und mir das Unvorstellbare, das einen so unverhofft treffen kann, von der Seele zu schreiben, wenn mein Mann viele Stunden im Dienst verbringt.

Ich weiß, ich werde noch viel schreiben, da ich meinen Titel umändern muss und von „Bin Skorpion, Krebs unerwünscht" auf „Bin Skorpion, mit Krebs".

Den Hauptkrebs, so nenne ich ihn, lasse ich mir in zwei Wochen wegschneiden.

Er bekommt meine rechte Brust, es bereitet mir mehr Kummer, als ich anfangs dachte, aber er soll ihn haben.

Mehr bekommt er nicht. Er bekommt mich nicht, denn Skorpione können Krebs besiegen.

Mein zweites Buch bekommt irgendwann den Titel „Skorpion besiegt Krebs".

Mein Operationstermin steht also fest.

Ich gehe am achten November ins Krankenhaus. Der achte November ist übrigens mein fünfzigster Geburtstag. Nächsten Tag werde ich operiert.

Die meisten Menschen machen eine Feier, meine ist abgesagt.

Die meisten wünschen sich etwas Besonderes wie eine schöne Reise, einen Tandemflug, ein besonderes Schmuckstück.

Ich wünsche mir auch etwas zu meinem fünfzigsten Geburtstag.

Der Tag ist so schlimm gewesen, dass wir – und das passiert nie – unsere Kinder vergessen haben. Was hätten wir ihnen und meiner Mutter inzwischen auch schreiben können. Das, was wir bis kurz vor dem Verlassen des Krankenhauses gewusst haben, kann man nicht schreiben.

Sie haben sich alle großen Sorgen gemacht und die wurden auch nicht weniger, als wir nach Hause gekommen sind und ihnen von unserem Tag erzählt haben.

Es tut mir so weh, dass ich allen wehtue. Vorher war unsere Welt so in Ordnung. Jetzt sind sie, wenn sie bei mir sind, in einer Parallelwelt.

Nachdem mein Mann wieder in den Dienst gefahren ist und ich allein bin, will ich nur mehr schlafen, denn ich bin einfach fertig.

Nur geht es einfach nicht. Um 7:30 Uhr, als er nach Hause kommt, will ich mit ihm eine Flasche Rotwein trinken, ich will so viel Alkohol trinken, um einfach schlafen zu können.

Ich trinke dann nur ein halbes Weißbier und schlafe bis 3:00 Uhr morgens. Dann bin ich wach, so wie fast jede Nacht.

Als ich am nächsten Morgen aufstehe, merke ich, ich habe einen Ganzkörpermuskelkater, so, als ob ich gestern eine sportliche Höchstleistung vollbracht hätte.

Mein Mann hat zur Abwechslung einmal nicht zwölf Stunden Dienst, sondern vierundzwanzig.

Mir wird den ganzen Tag immer wieder klar, dass ich eine brusterhaltende OP leichter hätte überwinden können als das, was mir nun bevorsteht.

Es ist etwas, das ich auch meinen besten Freundinnen nicht sagen kann. Ich hoffe, sie können es verstehen, wenn sie es später erfahren. Ich bin mir sicher, sie verstehen es, denn sie sind meine Freundinnen.

Dass einem die Brust entfernt wird, weggeschnitten, ist etwas Verstümmelndes, etwas, das man nicht einfach erzählen kann.

Dass mir die Brust weggeschnitten wird, rettet mir mein Leben, ich weiß.

Mein großer Sohn schaut mit seiner Verlobten kurz vorbei und auch mein Mann lässt sich kurz sehen. Sein Bruder vom Ort hat angerufen. Er schreibt ihm, dass wir durch diese schwere Zeit jetzt einfach allein gehen wollen und sie sollen dies verstehen.

Er hat noch zurückgeschrieben, dann wissen sie gar nicht, was bei den Untersuchungen herausgekommen ist. Ich denke mir, genau so soll es sein. Ich habe euch losgelassen.

Die WhatsApp war sachlich und nicht kränkend, dabei hätte mein Mann so viel schreiben können.
 Brüder, die vier oder fünf Tage brauchen, bis sie sich zum ersten Mal melden, die ihn zwei Wochen nicht fragen, wie es ihm geht. Zwei Kilometer und vielleicht fünfzehn Kilometer Entfernung für zwei Brüder. Keiner setzt sich ins Auto, um den dritten Bruder in den Arm zu nehmen, ein Gespräch zu suchen oder ihm zuzuhören in seinem großen Kummer.
 Sie haben es vorher nicht getan und jetzt auch nicht. Sie akzeptieren einfach, dass wir jetzt unseren schweren Weg allein gehen wollen.

Meine Schwiegermutter schreibt an diesem Tag unserem jüngeren Sohn eine Nachricht, er solle ihr doch die Reifen wechseln.
 Er antwortet nicht gleich und will von seinem Vater wissen, wie er reagieren soll. Mein Mann kann es nicht fassen.

Es ist Freitag, der 27. Oktober. Ich höre, wie mein Mann um 7:20 Uhr nach Hause kommt und ich höre sein Auto wenige Minuten später wieder wegfahren. Ich kann mir denken, wohin er fährt.
 Als er zurückkommt, bin ich bereits in der Küche. Wir frühstücken und er erzählt mir.
 Meine Schwiegermutter kenne ich all die Jahre als eine sehr adrette und modebewusste Frau. Jetzt anscheinend schaut sie nicht gut aus. Sie spricht von sich und erzählt, dass sie täglich am Vormittag beim Arzt ist und bald sterben wird.
 Wir wissen, dass ihr ein entzündliches Rheuma seit einiger Zeit zu schaffen macht, trotzdem kann man, wenn man vormittags beim Arzt ist, einmal in vier Wochen seine Schwiegertochter anrufen, wenn sie die Diagnose Krebs bekommen hat.
 Vor vier Wochen hat sie uns, als wir sie zur Geburtstagsfeier unseres Sohnes mitgenommen haben, noch erzählt, dass sie öfter mit ihrem jüngsten Enkel, und der ist acht, einkaufen geht.

Show oder nicht, keine Ahnung. Eine Stunde nach dem Besuch meines Mannes bei ihr klingelt mein Handy. Ich habe abgehoben, vielleicht meinem Mann zuliebe, vielleicht auch, weil ich nicht anders kann. Unser Gespräch ist kurz. Wir haben uns gegenseitig alles Gute gewünscht.

Vormittags kommt spontan meine Freundin aus der Arbeit. Ich mag ihre Besuche. Sie kommt herein und bringt Hoffnung und gute Stimmung mit, und das tut mir gut.

Sie bringt mir auch jedes Mal einen Strauß frischer Blumen mit und diesmal auch noch einen Lavastein aus Bali. Sie meint: Wir bauen Stein für Stein deine Welt wieder auf und Lavasteine sind besondere Steine, denn auf Lavagestein entsteht wieder fruchtbarer Boden.

Mir bedeuten solche Dinge sehr viel. Der Stein selbst ist oval und durch die Brandung im Meer glatt gewaschen. Trotzdem sieht man ihm seinen Ursprung an.

Da mein Mann nur mehr arbeitet, morgen fünfundzwanzig Stunden, oder im Krankenhaus sitzt, mache ich ihm die Freude und gehe mit ihm Wild essen.

Er liebt Wildschwein, Hirsch und Co. und wir bekommen einen wunderschönen Tisch. Er ist ganz versteckt in einer Ecke des Restaurants und mein Blick fällt auf eine Buddha-Statue mit vielen brennenden Kerzen daneben.

Seit fast einer Woche verzichte ich auf Fleisch, Wurst, Süßigkeiten und Weißmehl, aber davon gleich.

Diesen Abend will ich genießen. Meinem Mann zuliebe und auch mir zuliebe. Es ist der erste Abend seit vier Wochen, seit der Radiologe den ersten Verdacht geäußert hat, dass wir außer Haus gehen.

Außerdem verabschiede ich mich innerlich vom letzten Wild, denn ich würde nach diesem Abend vermutlich für sehr lange Zeit keines mehr essen.

Man glaubt es nicht, aber wenn man sein Leben lang Fleisch und Wurst gegessen hat und das noch dazu sehr gern, fällt einem, zumindest mir, der Verzicht sehr schwer.

Ich entscheide mich für ein Hirsch-Ragout mit Semmelknödel und Rotkraut. Herrlich.

In den letzten Tagen habe ich bereits viel über Krebs und Ernährung gelesen und ich stelle auch Zusammenhänge zu Personen her, bei denen auch diese beiden Faktoren zum Tragen gekommen sind.
Ein Beitrag im Fernsehen bestätigt mir das Ganze noch einmal. Eine Ärztin und Ernährungswissenschaftlerin aus Wien, die selbst an Krebs erkrankt ist, berichtet über ihre Studie.
Man erkennt darin deutlich, wie wichtig es ihr ist, dass man neben der Schulmedizin auch selbst tätig wird. Die Erfolge sprechen für sich, auch wenn es eine kleine Studie ist. Klein ist die Studie übrigens nur deshalb, weil sie sie selbst finanziert hat, ohne Fördermittel, denn diese brauchen Zeit, bis man sie erhält, und Zeit spielt eine wichtige Rolle, wenn man selbst erkrankt ist.

Für mich ist diese Frau kompetent aufgrund ihres Berufes. Außerdem finde ich sie mutig und bereit, gegen den Strom zu schwimmen.
Kurz: Ich finde sie sympathisch und auch ich will etwas für mich tun.
Ich starte einen weiteren Großeinkauf, mit Brille und viel Zeit. Zum ersten Mal stelle ich fest, dass in riesigen Großmärkten neunzig Prozent der dort angebotenen Lebensmittel für die Allgemeinheit der Menschen ist und nur ein kleiner Bruchteil für Menschen wie mich.
Ich merke, wie mir sogar das Einkaufen Kraft raubt und mein Körper zitterig wird, also beschließe ich, mit meiner Mutter noch im Einkaufsrestaurant zu essen.
Wir haben uns von Anfang an getrennt bei diesem Einkauf. Nun stehe ich da und schaue auf lauter Tafeln mit Essensvorschlägen, aber für mich und meine neue Art zu essen sieht es mager aus. Ich entscheide mich für Fisch und anstatt des Kartoffelsalates nehme ich Brokkoli.

An diesem Abend bin ich nach Langem zum ersten Mal allein zu Hause. Ich sehe mir einen Film über Katherina von Bora, der Frau Martin Luthers, an.
Der gestrige Sonntag ist unspektakulär vergangen. Mein Mann ist geschafft gewesen von den vielen Diensten und meine Mutter hat Kohlrouladen mit Tomatensoße für uns gekocht. Sie will, so lange sie noch nicht im Krankenhaus ist, einen Beitrag zum Allgemeinwohl leisten, ich lieber, dass sie ihre Schulter schont.

Kreuzblütler, also Kohl, Tomaten, Zwiebel und Knoblauch, viel Petersilie gehören bereits zu den Lebensmitteln, die dem Krebs nicht förderlich sind.

An diesem Nachmittag bestelle ich mir eine Getreidemühle. Nach meiner OP würde der Krebs keine Chance bekommen, das schwöre ich mir.

Auch eine kleine Kaffeemühle zum Mahlen von Leinsamen bestelle ich mir und das Kochbuch der Ärztin mit den Rezepten.

Mein Mann hat in all den Jahren noch nicht einmal etwas gesagt, wenn ich etwas gekauft habe, und er sagt auch an diesem Nachmittag nichts, obwohl eine Getreidemühle echt kein Schnäppchen ist. Er ist der großzügigste Mensch, den man sich vorstellen kann.

Ich meckere umgekehrt schon des Öfteren, wenn er für sein neues Hobby, alte Autos zu neuem Leben erwecken, viele Teile und somit viel Geld braucht.

Aber ich lerne daraus, jetzt schneller als je zuvor.

Das Wichtigste in meiner Situation sind neben den Ärzten, die mich operieren und behandeln, die Menschen in meiner Nähe.

Ein Mann, der mir täglich sagt, dass er mich auch mit einer Brust genauso mag, mich drückt, anhört und mir Mut zuspricht.

Kinder, die für mich da sind und sich melden und kommen. Freundinnen, die kommen, sich melden und mir schreiben.

Ich bin ihnen allen sehr dankbar, nein, ich bin ihnen unvorstellbar dankbar, denn sie helfen mir unendlich in dieser unwirklichen Zeit.

Heute ist Allerheiligen und es ist regnerisch und kalt. Am Vormittag sind mein Mann, meine Mutter und ich zu den Gräbern gegangen und haben auf das Grab des Schwiegervaters und auf das meines Vaters jeweils eine Kerze gestellt.

Ich frage mich, was hätte mein Schwiegervater zu dieser Situation gesagt? Für ihn war der Zusammenhalt der Familie immer sehr wichtig und bei all unseren Familienfeiern ist er gern aufgestanden und hat eine kleine Rede gehalten. Dabei betonte er immer, wie sehr er es schätzt, dass die Familie sogar mit Schwiegereltern so zusammenhält.

Wenn man so zurückdenkt, muss man wirklich sagen, dass auch meine Eltern und die Schwiegereltern sich immer gut verstanden haben und es viele gemütliche Abende gab, wo wir alle bei uns in der Küche bei einer guten Jause und einem guten Wein aus der Südoststeiermark beisammensaßen.

War es Zeit zum Nach-Hause-Gehen, sahen mein Mann und ich unseren vier Elternteilen dann noch gerne vom Küchenfenster nach, wie sie lachend und leicht schwankend die Auffahrt hinaufmarschierten, und wir wussten: Es war ein schöner Abend für uns alle.

Die Liebe zum guten Wein und zur schönen Landschaft mit ihren Schmankerln hat uns auch in die Südoststeiermark gebracht. In einem Abstand von ein bis zwei Jahren fuhren wir alle, also neunzehn Personen, für ein paar Tage dort hin.

Auch als mein Vater vor sechseinhalb Jahren an Asbestose starb, nahmen wir meine Mutter dann mit.

Neunzehn Menschen, die sich gut verstehen. Auch im Vorjahr waren wir noch dort, als es meinem Schwiegervater schon schlecht ging.

Wir wollten ihm diesen Wunsch noch erfüllen und es war gut für ihn. Er starb im März des heurigen Jahres.

Heute sind wir zum ersten Mal am Vormittag auf dem Friedhof gewesen, denn ich habe nicht zu vielen Menschen begegnen wollen.

Ich weiß, es wird nie mehr so, wie es war, und meine Schwiegermutter trägt einen Großteil dieser Schuld. Obwohl sich mein Mann erst vor ein paar Tagen zu ihr bemüht hat, hat er gestern erst wieder eine SMS von seinem Bruder bekommen, er könne sich die bestellte Gans vom Bauern holen.

Sie kann es ihm praktisch nicht selber sagen und der Bruder spielt auch mit und schreibt freundlicherweise nur die Info und ansonsten kein Wort mehr.

Oder er könnte auch sagen: Sag es ihm doch selber, er besitzt noch immer ein Telefon.

Es ist schwer zu verstehen.

Am Nachmittag bin ich allein zu Hause. Mein Mann wollte eigentlich bei mir bleiben, aber ich habe ihn zu unserem Sohn in die Werkstatt geschickt, da der heute Hilfe braucht.

Jetzt, da es dunkel wird, ich allein bin und Allerheiligen ist, beginne ich zu schreiben, da die dunklen Gedanken über mich hereinziehen.

Gedanken wie: Wie oft bin ich es noch, die Kerzen an ein Grab stellt?

Heute in einer Woche um diese Zeit hat meine Mutter ihre OP schon hinter sich und ich, ich liege um diese Zeit sicher mutterseelenallein im Krankenhaus und habe Angst vor dem nächsten Tag.

Ich habe Angst und weiß doch ganz genau, dass ich froh sein muss, denn nur die Operation rettet mir mein Leben. Ich habe auch Angst, wieder durch so viele Hände zu gehen. Ich fühle mich dabei immer so hilflos und verloren.

Ich wünsche mir Hände, in die ich fallen darf, die mich gut operieren, die mich auffangen, mir gut zureden und mir sagen, wie es danach mit meinen Therapien weitergeht.

Ich wünsche mir, dass ich gesund werden darf.

Allerheiligen ist schon ein besonderer Tag. Früher, als ich noch ein Kind war, war er für mich ein toller Tag. Ja, das war er.

Wir fuhren immer zu meiner Tante und da fand alljährlich ein großes Verwandtschafts-Treffen statt.

Zuerst trafen wir uns bei ihr, da sie in der Nähe des Friedhofs wohnt. Danach gingen wir von dort in die Kirche und von dort zum Friedhof. Nur mein Vater blieb immer gleich bei der Tante und passte auf die Jause, die Heizung und was weiß ich auf. Als sehr kleines Mädchen glaubte ich ihm das auch noch und fand seinen Job wichtig. Später erkannte ich natürlich den wahren Grund. Mein Vater hatte es nicht so mit der Kirche.

Heute weiß ich auch, dass das völlig egal ist. Leute, die jeden Sonntag in die Kirche gehen, können nicht mitmenschlicher und ehrlicher sein, als es mein Vater immer war.

Danach, wenn uns allen kalt war, ging es zu meiner Tante. Die Garderobe fasste die Kleidung so vieler Leute nie und ein unendlicher Haufen an Schuhen in der Garderobe zeigte, dass hier Jahr für Jahr sicher so an die zwanzig Menschen waren.

Es gab die beste Jause, die man sich vorstellen kann. Selbst gebratenes Fleisch, selbst geräuchertes Geselchtes, Wurst und Käse. Dann natürlich Tante Ernis selbst gemachte Gemüse-Mayonnaise und ihren Kartoffelkäse. Ich kann auch gar nicht aufzählen, was es noch alles gab. Die Kuchen nicht zu vergessen. Kurz, es sah aus wie in dem Film nach einer Geschichte von Astrid Lindgren, wo Michel von Lönneberga die Leute aus dem Armenhaus zum Weihnachtsschmaus einlädt.

Ich sah alle meine Cousinen und Cousins wieder und wir hatten immer einen Riesenspaß. Das war Allerheiligen damals. Schaute man zu später Stunde dann bei meiner Tante aus dem Wohnzimmerfenster, sah man, da der Friedhof schräg angelegt ist, ein Lichtermeer aus rot flackernden Kerzen.

Viele, viele Jahre ging es so. Wir wurden erwachsen, nahmen unsere Kinder mit und halfen unserer Tante immer mehr beim Backen der Kuchen und belegte Platten wurden bestellt.

Dann starb mein Onkel. Mein anderer Onkel, der Mann meiner Tante, wurde krank und bettlägerig und mein Vater starb.

Allerheiligen geht jetzt jeder an sein Grab.

Vor dem Tod, das habe ich vor sechseinhalb Jahren bei meinem Vater gesehen, muss man sich nicht fürchten. Der Tod ist die Erlösung, wenn man sehr krank ist und man nicht mehr kann. Er holt einen heim.

Angst muss man auf dem Weg dorthin haben. Das Zurechtkommen mit sich selbst, wenn einen die Ärzte aufgeben, die Schmerzen, die Verlustangst um die Menschen, die man liebt.

Ich wüsste, dass mich auf der anderen Seite mein Vater und eine Frau namens Edeltraud erwarten würden.

Sie war meine Lehrerin in der ersten Klasse Volksschule und ich habe ihr sehr viel zu verdanken. Auch meinen ersten und einzigen Fünfer in der Schule. Viel später, als wir bereits lange befreundet waren, habe ich ihr die Geschichte einmal erzählt.

Sie wurde zu einem richtigen Teil der Familie. Sie war selbst nicht verheiratet, da der Generation von Menschen damals noch der Krieg den Liebsten oft nahm.

Aber ich habe noch nicht vor zu sterben. Ich gebe dem Krebs in mir meine rechte Brust, den Rest meines Körpers bekommt er nicht.

Ich habe tief in mir die Hoffnung, dass ich den Krebs besiegen werde. Ich werde weiter gesund essen. Anders gesund. Ich werde auf Fleisch mehr oder weniger verzichten, ebenso auf Weißmehl, Zucker und so weiter.

Mein jüngerer Sohn, der noch zu Hause wohnt, und mein Mann sind begeistert von dem, was ich zurzeit koche. Es schmeckt ihnen und somit machen sie mir vieles leichter.

Ich habe Träume. Ich möchte, dass mein Mann und ich noch einmal auf die nordfriesische Insel Amrum fahren. Diese Insel mit ihren unendlich langen und breiten Standstränden, den gelben Rapsfeldern im Mai, dem Leuchtturm, den reetgedeckten kleinen Häusern. Amrum ist so atemberaubend schön, dass man die Freiheit nirgendwo besser spüren kann als dort.

Ich will noch einmal oder öfter mit ihm im alten Wirtshaus sitzen, in den winzigen Räumen, auf dem alten Sofa, und ein Gericht mit Nordseekrabben bestellen.

Außerdem will ich mit ihm einmal in meinem Leben die dunkelvioletten Lavendelfelder in der Provence sehen, wenn sie wirklich blühen. Dieser Anblick von endlosem Lila, dieser Geruch von Lavendel. Ich will mittendrin sitzen, danke sagen und weinen.

Ich will so lange sitzen, bis ich genug habe von einem Duft, der mir Beruhigung spendet in meiner schwersten Zeit. Lavendeltee, Lavendel-Duftöl, Lavendelspray im Schlafzimmer.

Die Farbe Lila hat es mir anscheinend unbewusst angetan. Auch bei unserer Hochzeit vor genau fünfundzwanzig Jahren war Lila unsere Farbe.

Ich will natürlich die Hochzeit unseres Sohnes im Herbst nächsten Jahres sehen, meine Enkelkinder, von denen die zwei immer öfter sprechen.

Ich will sehen, was unser jüngerer Sohn nach der Meisterprüfung macht, welchen Weg er einschlägt und wie seine Freundin aussieht, wenn er sich einmal für eine entscheidet.

Mit meiner Freundin und ihrem Mann würde ich gern auf Urlaub fahren, denn wir vier verstehen uns einfach wirklich sehr gut. Wir sind ein bisschen seelenverwandt.

Es gibt einfach so vieles und dafür muss ich jetzt etwas tun. Ich sehe meine Erkrankung als eine mir auferlegte Aufgabe, eine Lebensaufgabe sozusagen, die ich jetzt zu lösen habe.

Heute ist Samstagabend und richtig, mein Mann hat wieder einmal einen „Vierundzwanziger", das heißt Dienst von 7:00 Uhr morgens bis zum nächsten Tag um 7:00 Uhr morgens. Es ist bereits seit 16:30 Uhr stockdunkel. Die Umstellung von der Sommerzeit auf die Winterzeit lässt den Tag jetzt schnell zu Ende gehen.

Ich beginne zu schreiben, obwohl es nicht mehr mit dem Alleinsein zusammenhängt. Das habe ich überwunden, ich kann damit jetzt umgehen.

Vor zwei Tagen waren mein Mann und ich bei meiner Frauenärztin. Ich wollte noch einmal mit ihr reden und sie hat sich wirklich Zeit für uns genommen.

Natürlich kam nicht Neues dabei heraus, denn mein Schicksal mit der Brustentfernung ist besiegelt, aber wir konnten fragen, was wir einfach noch wissen wollten.

Am Abend bekam mein Mann noch ein Ganserl bei einem Wirt. Somit sind seine Wildtage für heuer fast abgeschlossen.

Genau beim Verlassen des Wirtshauses kam sein jüngerer Bruder mit seinen Karatefreunden ins Lokal. Er war sichtlich erschrocken, wir auch irgendwie.

Wir wechselten ein paar Worte. Ich weiß nur mehr, dass er meinte, er fände es komisch, nichts von uns zu erfahren und ob es ein Zusammentreffen an meinem Geburtstag gibt. Da ich verneinte und sofort merkte, er meinte es anders, verbesserte ich meine Worte und sagte: Nicht, weil ich nicht will, sondern weil ich zu diesem Zeitpunkt nicht mehr zu Hause bin.

Jetzt hatte auch er es richtig verstanden.

Ich wollte keine unüberbrückbare Kluft bauen, da es die Brüder meines Mannes sind. Für mich selbst ist die Kluft aber schon viel zu groß.

Ich werde es ihnen nie verzeihen, dass sie sich nicht mehr um die eigene Schwägerin, den eigenen Bruder gekümmert haben in so einer Ausnahmesituation.

Einen Tag später waren wir am Abend bei meiner Freundin aus der Arbeit eingeladen. Es war ein wunderbarer, schöner Abend und da ich mein Thema nicht zum Thema machte, hatte man für zweieinhalb Stunden das Gefühl, es ist alles wie immer, alles gut.

Sie machte mir zuliebe einen Schweinebraten, denn ich hatte erwähnt, dass ich darauf Lust hätte, und sie zauberte für mich, für uns zweierlei Fleischsorten vom Schwein, Semmelknödel, Kartoffeln,

Karotten und Kraut auf den Tisch. Es war herrlich. Ich ließ es mir richtig schmecken, denn ich wusste, das würde ich lange nicht mehr essen.

Die Frauenärztin meinte übrigens bei unserem Gespräch zum Thema Ernährung, dass sie meine neue Art zu essen in Ordnung findet, ich aber schon mäßig Fleisch konsumieren soll und der Genuss wichtig ist.

Für mich heißt das: Manchmal darf ich mir dann doch Fleisch oder eine Abweichung vom Alltag gönnen.

Meine Freundin gab mir nach dem wunderbaren Abend bei ihnen noch zwei Päckchen mit, die mich heute beim Auspacken zum Weinen gebracht haben. Es sind einfach Besonderheiten, die sie mir schenkt. Besonders sind auch immer ihre Worte, die sie mir auf liebevoll ausgesuchte Spruchkarten schreibt.

Außerdem schaut am Vormittag meine Freundin aus Kindertagen vorbei. Auch sie war eigens ins Reformhaus für mich gegangen und ich bekomme grünen Tee, eine Schokolade mit neunundneunzig Prozent Kakaoanteil und Kokosblütenzucker.

Sie wünscht mir natürlich von Herzen alles Gute und sie würde mich im Krankenhaus besuchen.

Bei der Mutter meiner Fast-Schwiegertochter bedanke ich mich für die Beerensträucher, die sie bereits für mich ausgesucht und bestellt hat, und ich beteuere ihr, dass mein Mann die Sache mit dem Richtigeinpflanzen schon schafft. Kurz: Wurzeln unter die Erde, Gehölz über der Erde. Scherz, er kann es wirklich.

Auch meine frühere Schulfreundin aus Braunau meldet sich fleißig, genauso wie mein ältester Sohn, der zurzeit so verkühlt ist, dass er nicht kommen darf, um uns nicht anzustecken.

Ich fülle meinen OP-Fragebogen aus und packe meine Tasche zusammen. Diesmal richtig, also für einen längeren Aufenthalt.

Kurz entschlossen beschließe ich noch, mir doch noch einen neuen Bademantel zu kaufen. Viel Zeit zum Überlegen habe ich auch nicht mehr, denn morgen ist Sonntag und in drei Tagen muss ich ins Krankenhaus.

Meine Mutter und ich 4 bzw. 5 Tage vor unseren Operationen

ZURÜCK

Als ich heute meinen Laptop einschalte und meinen Ordner öffne, begrüßt er mich mit den Worten „Willkommen zurück". Treffender könnte er es gar nicht formulieren, obwohl er nur ein technisches Gerät ist. Darunter steht das Datum. 5. November 2017. Ja, ich bin wieder zurück. Es sind zwei Wochen vergangen. Zwei Wochen, in denen ich viel geschafft habe, in denen ich vieles hinter mich gebracht habe.

Einen Tag bevor ich ins Krankenhaus musste, holte uns mein ältester Sohn um sieben Uhr morgens ab und gemeinsam mit meiner Mutter fuhren wir ins Krankenhaus Gmunden.
Ich war bei ihrem Narkosegespräch dabei und wir warteten mit ihr, bis ihr ein Zimmer zugewiesen wurde. Sowohl der Narkosearzt, der uns erklärte, sie bekäme eine leichtere Narkose, da man ihr während der doch zwei- bis dreistündigen Operation vor allem Schmerzmittel über einen Zugang am Hals in den Schulterbereich injizieren würde, als auch die Krankenschwester auf der zuständigen Station machten einen sehr netten und kompetenten Eindruck auf mich.
Kurz: Ich hatte ein gutes Gefühl. Ein Gefühl, sie in gute Hände zu entlassen. Als wir uns so gegen elf Uhr verabschiedeten, gab es keine Tränen getreu unserem Motto: Wir sind stark und jeder geht seinen Weg.

Am Nachmittag kam ohne jede Vorahnung meinerseits meine Freundin aus der Arbeit bei mir vorbei. Sie hatte sich mit meinem Mann abgesprochen und ihn gefragt, ob sie mich mit ihrem Besuch überraschen dürfte. Vermutlich hätte ich nein gesagt, so wie wenige Stunden zuvor zu meiner Freundin aus Mauritius.
So verlief der Nachmittag ganz anders als erwartet. Nicht mit Traurigsein und Nachdenken, sondern in einer kleinen, feinen Runde, denn kaum hatte mich meine Freundin aus der Arbeit besucht, stellte auch meine andere Freundin aus Mauritius ein Päckchen vor die Haustür für meinen morgigen Geburtstag.
Sie hatte sich nicht zu läuten getraut nach meiner Absage, wollte mir aber eine Freude bereiten.
Da saßen wir nun, wir drei, und es war schön so.

Am Abend gab es dann noch ein kurzes Beisammensein mit meinem Mann, unseren Söhnen und unserer Fast-Schwiegertochter. Eine kleine Geburtstagsfeier sozusagen.

Die Pizzeria im Ort hatte genau heute geschlossen und so besorgte mein Sohn Fertigpizza. Wir stellten fest – egal welche Marke, sie schmecken alle echt bescheiden.

Danach durfte ich mir die fertige PowerPoint-Präsentation anschauen, die ich sogar in ausgedruckter Version für das Krankenhaus bekam. Mein Großer hatte sich viel Mühe gemacht.

Mein Mann überreichte mir einen Gutschein für vier Nächte in einer romantischen Berghütte mit Whirlpool und allem Drum und Dran. Wandern hoch oben in den Bergen und abends im Whirlpool sitzen und ins Tal schauen. Zur Zeit der Buchung konnte man nicht ahnen, dass dieses Geschenk nicht so optimal werden würde. Wir beschlossen, es abzusagen.

Auch aus dem Kindergarten bekam ich ein Geschenk. Ein Billett mit fünfzig gebastelten Kerzen darauf und ein Herz aus Kastanien.

Jedes meiner Familienmitglieder wünschte mir alles Gute. Alles Gute für meinen morgigen Geburtstag und alles Gute für die nächsten Tage.

Danach wurde es ruhig im Haus. Mein Großer und seine Freundin fuhren nach Hause, unser jüngerer Sohn ging in sein Zimmer und mein Mann und ich räumten noch kurz auf und gingen zu Bett.

Jetzt wurde es ruhig in mir, jetzt wurde es ernst.

Der Wecker und das Handy weckten uns fast zeitgleich. Wir hatten beides gestellt, ich wollte es so. Es gab mir die Sicherheit, nicht zu verschlafen.

Mein Mann nahm meinen Kopf in seine Hände, zog mich zu sich, küsste mich und wünschte mir alles Gute zu meinem fünfzigsten Geburtstag.

Danach gab es ein spartanisches Frühstück. Kaffee mit ein paar Löffeln Haferbrei und um sieben Uhr morgens machten wir uns noch im Dunkeln auf den Weg ins Krankenhaus.

Es gab keinen Stau an diesem Morgen. Wir meldeten uns im Erdgeschoss an und fuhren danach mit dem Lift in den zweiten Stock. Station 2A Chirurgie.

Am Info-Schalter gaben wir die ausgefüllten OP- und Narkosebögen ab und wir nahmen so lange in dem kleinen Wartebereich Platz, bis mir einige Zeit später ein Zimmer zugewiesen wurde.

Der Raum war recht groß und irgendwie leer. Ich hatte das Gefühl, er wäre für drei Betten konzipiert. Man erklärte mir, ich sollte meine Sachen noch nicht einräumen, da ich später mitsamt meinem Bett in ein anderes Zimmer verlegt werden würde. Ein Zimmer, das zur Brustabteilung gehört.

Also zog ich mir nur meinen Pyjama an und legte meine restlichen Habseligkeiten, die ich ausgezogen hatte, über meine Tasche. Danach begann ich sämtliche Seiten weiterer Formulare auszufüllen.

Ich verschrieb mich natürlich prompt, da ich bei allen Unterlagen bis jetzt mein Alter mit neunundvierzig Jahren angegeben hatte. Ab heute war ich fünfzig.

Danach kramte ich meinen Bademantel aus der Tasche und ein Blick in die jetzt wesentlich leerere Tasche zeigte mir, dass ich irgendwie keine Slips sehen konnte.

Ich sagte zu meinem Mann: „Ich glaube, ich habe meine Slips vergessen."

Vor lauter Ein- und Auspacken zu Hause hatte ich es tatsächlich geschafft, am Ende keinen einzigen Slip für meinen Krankenhausaufenthalt dabeizuhaben. Mein Mann wurde richtig nervös. Ich hingegen hatte meinen Plan schon erstellt. Ich hatte heute Morgen einen frischen Slip angezogen und entweder ich würde mich mit Slip-Einlagen über die Runden bringen oder ich würde morgen ohnehin ein Operationsunterhöschen bekommen und einen Tag später würde mir dann mein Mann Nachschub bringen.

Etwas Ähnliches hatte ich schon einmal geschafft. Ich kann mich noch genau daran erinnern. Es war der erste zweitägige Ausflug unseres Jüngsten in der Volksschule. Ich packte gemeinsam mit ihm seine Sachen zusammen, damit er genau wusste, was er dabeihatte bei seinem Ausflug. Danach brachte ihn mein Mann zum Bus. Kurz vor dem Einsteigen in den Bus meinte er zu seinem Papa: „Papa, ich glaube, die Mama hat mir keine Unterhosen mitgegeben." Mein Mann konnte sich dies nicht vorstellen und meinte zu seinem etwas verdatterten Söhnchen, er glaube dies nicht und falls es doch so wäre, so soll er einfach die Unterhose auch morgen anbehalten. Unterhosen kann man auch zwei Tage tragen.

Er hatte seine Unterhose zwei Tage an, denn ich hatte sie vergessen. Auch heute schmunzeln wir noch oft über den kleinen Vorfall. Jetzt hatte sich das Ganze noch einmal wiederholt.

Die Stimmung war gespannt und ernst.

Ich hatte irgendwie Angst vor dem Augenblick, in dem sich mein Mann von mir verabschieden würde, denn ich wusste, dann bin ich ganz allein, ganz auf mich allein gestellt, ganz meinem Schicksal ausgeliefert. Er kam näher, der Augenblick, und ich glaube, es war so gegen 10:30 Uhr, als wir uns verabschiedeten.

Er hat mich geküsst und ich ihn und in diesem Kuss lag noch so viel mehr. So viel „Ich liebe dich", „Pass auf, auf dich", „Ich schaffe das", „Ich denke an dich".

Dann war der Augenblick da, der Augenblick, in dem er zur Tür des Zimmers ging. Ich sah ihn durch die Tür, wenn auch langsam, entschwinden. Er sah mich in meinem weißen Krankenhausbett sitzen. Ich liebe dich. Ich dich auch.

Danach legte ich mich zurück und sah auf das Bild in diesem Zimmer. Das Motiv war für mich aus dieser Entfernung nicht eindeutig zu erkennen. Ich sah die Farben Blau, Gelb und Grün. Später, als mir das Essen gebracht wurde, enträtselte ich die Farben. Es war der Blick von unten in den Himmel und dieser Blick wurde von einem Ast mit grünen und einem Ast mit gelben Blättern etwas verdeckt.

Ich war allein im Zimmer, ich drehte auch kein Licht auf, denn die Stimmung im Raum war die Stimmung, wie ich mich fühlte. Dunkel und einsam. Kurz blätterte ich die Power-Point-Präsentation durch, schaute mir die fünfzig Kerzen meiner Kleinen aus dem Kindergarten an und las mir zwei Geburtstagskarten durch. Danach lag ich einfach im Bett und machte nichts.

Die junge Assistenzärztin kam irgendwann ins Zimmer und sah die Karte mit den Kerzen, die noch immer über meinem Bett lag. Sie wünschte mir alles Gute und fragte mich, wo ich diese schönen Socken herhätte. Ich erzählte ihr, dass ich sie aus Island mitgenommen habe, und danach führte sie mit mir das Narkosegespräch.

Etwa um 16:30 Uhr wurde ich in mein neues Zimmer gebracht.

Es war viel kleiner und ich empfand es sofort als besser. Am Bett beim Fenster begrüßte mich eine Frau namens Theres.

Ich räumte meine Sachen in meinen Schrank und ins Badezimmer.

Theres, erfuhr ich wenig später, war heute operiert worden und ich staunte, wie fit sie doch war.

Sie war nett, von Anfang an. Wir begannen uns zu unterhalten. Auch sie hatte vor einigen Jahren Brustkrebs. Jetzt hatte sie ein Gewächs entfernt bekommen, von dem man annahm, dass es gutartig sein würde.

Theres war sechsundsechzig Jahre, wirkte aber viel jünger, da sie so schlank und sportlich aussah. Als ich mir kurz vor dem Schlafengehen noch mein Islandfotobuch anschaute, waren wir endgültig auf dem gleichen Nenner. Sie liebte das Reisen so wie ich und so tauschten wir Urlaubserinnerungen aus. Sie genoss mein Fotobuch von Island, wo sie vor vielen Jahren bereits einmal gewesen war, und ich schaute mir auf ihrem Handy Fotos von La Gomera an, von wo sie erst vor ein paar Wochen zurückgekommen war.

Wir schliefen mit Urlaubsbildern in unseren Gedanken ein.

Es war 5:30 Uhr am Morgen, als man mich weckte und mich bat, mich fertig zu machen. Ich hatte gestern erfahren, dass ich so gegen 10:30 Uhr operiert werden würde. Als Zweite sozusagen. Vorher hätte ich noch eine Untersuchung, bei der es um den Wächterlymphknoten geht.

Ich stand auf. Mein „Nüchtern"-Schild baumelt noch immer über meinem Bett.

Unter der Dusche schaute ich noch einmal auf meine rechte Brust. Ich schäumte sie ein mit meinem Duschgel, das nach Sanddorn riecht. Ich funktionierte. Ein eigenartiges Gefühl. Man ist nicht ganz man selbst. Ich zog meine Stützstrümpfe an, meine Operationsunterhose und ein Nachthemd, das vorne offen war, und legte mich wieder ins Bett.

Es dauerte nicht lange und ich wurde abgeholt und in meinem Bett aus dem Zimmer gefahren. „Alles Gute!", wünschte mir meine Zimmernachbarin Theres.

Danach ging es den kurzen Gang entlang zum Lift. Dieser brachte mich in eine mir unbekannte Abteilung und ich wurde in dem noch menschenleeren Gang abgestellt.

Keine zehn Minuten später bat man mich in einen Raum. Ich stieg aus meinem Bett und nahm in dem kleinen Raum auf einem Bett Platz. Ich bekam wieder so ein Ding in die Vene, wurde dann mit vielen Tüchern an der rechten Brust desinfiziert, abgedeckt und mit einer dicken Steppdecke zugedeckt, da mir so kalt war und ich noch auf die Ärztin warten musste.

Diese kam wenig später und gab mir vier Spritzen mit einer radioaktiven Substanz rund um meine rechte Brustwarze. Danach musste ich meinen Busen massieren, damit sich dieses Mittel schnell auf den Weg zu meinen Lymphknoten machte.

Wieder eine Viertelstunde später lag ich in einem großen Raum unter einem riesigen Gerät. Eine Platte wurde ganz nahe an meinen Brustkorb gefahren. Die Arme hatte ich ausgestreckt über meinem Kopf. Ich wusste nicht, wie diese Untersuchung hieß, aber die Platten teilten sich, nahmen die verschiedensten Positionen ein und ich wurde durch das Gerät, eine Art Ring, gefahren.

Meine Arme schliefen ein. Nach zwanzig Minuten, als die Untersuchung beendet war, konnte ich sie kaum mehr nach vorne bewegen.

Danach legte ich mich wieder in mein Bett. Kaum waren die Bilder fertig, wurde eine Mappe auf meine Bettdecke gelegt und wenige Minuten später wurde ich abgeholt und ins Zimmer gebracht.

Es ist ungefähr 8:00 Uhr. In zweieinhalb Stunden werde ich operiert. Theres fragte mich, ob ich reden und abgelenkt werden will oder ob sie still sein soll.

Ich wollte nicht mehr reden. Wollte mit mir allein sein, eventuell noch meine Lieblingslieder hören, sonst nichts.

Um 10:00 Uhr brachte mir die Krankenschwester eine Tablette, die mich ein wenig entspannt und relaxt an die Sache herangehen lassen sollte.

Um 10:15 Uhr wurde ich von einem Mitarbeiter in blauem Kittel abgeholt und aus dem Zimmer gebracht. Theres wünschte mir noch einmal alles Gute. Ich mag sie.

Ich wurde weder müde noch sonst irgendetwas. Wir nahmen wieder den Lift nach unten. Als sich die Lifttür öffnete, las ich über einer Tür „Aufwachraum Kinder".

Wir fuhren einen Gang entlang. Seitlich standen mehrere silberne Container und Container mit der Aufschrift Wozabal. Es schaute aus wie in einer Ausspeisung.

Mein Bett wurde in einem Bereich abgestellt, wo rundherum viele Betten standen. Leere Betten. Mir gegenüber der Schriftzug OP Leitzentrale. Leute mit blauer Arbeitskleidung, grünen Kopfbedeckungen und Crocs gingen hier ein und aus.

Manche setzten sich hinein und machten kurz Pause. Der Weihnachtsmann nehme überhand, das Christkind werde immer seltener war das Thema, über das gerade gesprochen und ein wenig gealbert wurde.

Ein Mann aus der Runde kam heraus und auf mich zu und sagte so etwas wie: Sie albern nur ein bisschen. Ich sagte passt schon, mir ist ohnehin nicht zum Lachen. Ich fand es nett.

Meine Tablette wirkte nicht. Ich spürte es ganz genau, dass sie nicht wirkte. Ich sah die Frau Doktor vorbeigehen. Sie war in Gedanken und sah mich nicht. Egal, Hauptsache, ich hatte sie gesehen. Sie war da, Gott sei Dank.

Danach kam jemand auf mich zu und schob mich in die Nähe des Operationssaales.

Rechts las ich die Aufschrift „Waschraum" und links waren lauter Nirosta-Wände mit Laden.

Ein Mann in Grün setzte mir ein grünes Häubchen auf und deckte mich mit einer vorgewärmten blauen Decke zu, die ich als sehr angenehm empfand, da es in diesen Räumen überall eher kühl war.

Ich sah noch, wie jemand im OP-Raum in sein Bett gelegt wurde, noch etwas gereinigt oder ausgeleert wurde, und dann wurde ich hineingefahren.

Der OP-Raum war nicht groß und nicht grün gefliest wie in allen Filmen. Nein, die Fliesen waren rosa mit einem Hauch Lila.

Mein Bett wurde parallel zum OP-Tisch gefahren und in die gleiche Höhe gebracht. Danach bat man mich hinüberzuklettern. Der OP-Tisch war dunkelblau, schmal und hart. Über mir sah ich nun zwei riesige Leuchten.

Die Tablette wirkte nicht. Ich sah und wusste alles.

Auf der linken Seite war ein Kreuz mit dem Herrgott darauf. Ein Mann gab mir einen Gurt über die Beine. Ich dachte mir noch: Der ist so schwer wie die Gurte im Sportauto meines Sohnes. Ich wurde nach meinem Namen und Geburtsdatum gefragt und welche Seite operiert wird. Danach bat man mich, den linken Arm auszustrecken. Der Narkosearzt stellte sich vor. Er war grün angezogen, eher jung, dunkle Haare, Bart, glaube ich, Brille.

Ich sagte noch zu ihm, dass die Tablette nicht wirkte und er meinte: Manche schlafen ein und manche merken kaum etwas. Aber ich bekäme ohnehin gleich ein „Schnapserl".

Hinter mir erschien eine blonde Frau. Auch sie begrüßte mich und hielt mir eine Maske nahe an meinen Mund und Nase. Es war aber noch ein Abstand und das fand ich gut.

Danach bekam ich mein Schnapserl in den Arm gespritzt. Ich vertrage keinen Schnaps, auch diesmal nicht, denn mir wurde warm und ich schlief für die nächsten zweieinhalb bis drei Stunden ein.

Stunden später holte man mich wieder zurück. Ich wusste diesmal nicht viel. Da ich Schmerzen hatte, bekam ich noch eine Infusion.

Der Raum war groß, freundliche Wände in einem Gelbton. Ich lag in einer Ecke des Raumes. Sah und hörte mir gegenüber einen Mann in seinem Bett, weit weg.

Irgendwann brachte man mich ins Zimmer, aber daran habe ich keine Erinnerung.

Ich soll meinen Mann anrufen, sagte die Schwester, nachdem ich in mein Zimmer geschoben wurde. Er hätte sich schon nach mir erkundigt.

Ich rief ihn an, ich weiß nicht, wie ich zum Handy gekommen bin, ich weiß im Nachhinein auch nicht, was ich bzw. wir gesprochen haben. Mein Mann sagte mir, ich hätte ihm erzählt, dass ich wieder im Zimmer bin und müde.

Meine erste Erinnerung nach der OP ist die, dass ich hungrig war. Nicht hungrig nach dem Risotto, das man mir aufgehoben hatte, nein, hungrig nach einer Banane. Ich hatte einen furchtbaren Appetit auf eine Banane. Da so etwas auf der Station nicht auf Lager ist und Theres das ganze Gespräch mitbekommen hatte, schenkte sie mir ihre Banane, die sie noch vom Mittag hatte.

Ich genoss sie, langsam, sehr langsam, um nicht ein Erbrechen heraufzubeschwören, was nach einer Narkose leicht möglich ist. Jeder Bissen war ein Genuss und selbst der Geruch dieser Frucht wirkte wie betörend auf mich in diesem Augenblick.

Ich bestellte mir übrigens während des gesamten Aufenthaltes im Krankenhaus täglich eine Banane. Als eisernen Vorrat sozusagen, aber keine kam an den Geschmack der ersten nur annähernd heran.

Danach schlief ich vermutlich wieder ein, denn ich weiß von nichts. In der Nacht weckten mich die Schmerzen. Nicht die Schmerzen rechts an meiner Brust, sondern die Schmerzen beim Atmen. Ich konnte nicht richtig atmen, ohne dass es furchtbar in der Mitte meines Brustkorbes schmerzte. Außerdem brannte mir mein ganzer Rücken. Vermutlich, weil ich seit dem vorigen Morgen immer nur auf dem Rücken lag und ich es nicht gewohnt war.

Der Krankenpfleger erklärte mir, dass die Schmerzen von den beiden in meinem Brustkorb befindlichen Drainagen waren, die die Wundflüssigkeit abtransportierten. Dadurch, dass ich oben herum sehr schlank bin und kein überschüssiges Fettgewebe habe, standen die beiden doch eher steifen Schläuche beim Atmen irgendwo an. Die Bandage drückte sie mir noch zusätzlich hinein. Er brachte das Bett in eine andere Position und so schaffte ich die Nacht.

Erst am Morgen wurde mir so richtig klar, dass ich in einer Umhängetasche die beiden Behälter für die Wundflüssigkeit mittragen musste. Man half mir beim Waschen und spätestens nach dem Frühstück war ich froh, mich wieder ins Bett legen zu dürfen.

Bei der Visite wurde mir die enge Bandage abgenommen und ich konnte etwas besser atmen, aber noch immer nicht tiefer durchatmen. Ich kann mich an den Arzt nicht mehr erinnern, es war nicht die Ärztin, die mich operiert hatte.

Am Nachmittag besuchte mich mein Mann. Ich liebe ihn und das nach über siebenundzwanzig Jahren genauso wie am ersten Tag. In den Medien wird oft erzählt, das gibt es nicht. Es gibt es doch, es ist ein wunderschönes Gefühl, und ich bin mir sehr bewusst, dass es ein Geschenk ist.

Wenn mich jemand fragen würde, wie es das gibt oder was diese Liebe so andauern lässt, würde ich es für mich so erklären.

Mein Mann hat mir vom ersten Augenblick an, als er mich abgeholt hat, gefallen.

Der erste Augenblick war eigentlich unsere erste Begegnung in der Disco, wie ich bereits geschildert habe. Zu diesem Zeitpunkt wusste ich aber nicht, dass ich ihn wiedersehen würde. Bei unserer ersten Begegnung holte er mich zu einer Spritztour mit dem Motorrad ab. Er war groß, sehr männlich, zumindest viel mehr Mann von der Optik her als mein früherer Freund, und er stellte einfach etwas dar. Kurz: Es war bereits der erste Augenblick, in dem die Chemie stimmte.

Umgekehrt hatte ich ihm bereits auf der Tanzfläche in der Disco gefallen, sonst hätte er nicht versucht, mich kennenzulernen.

Die erste Ausfahrt mit dem Motorrad war für mich abenteuerlich und aufregend zugleich, denn ich war bis jetzt nur bei meinem früheren Freund auf einer Vespa mitgefahren. Ein Motorrad fand ich natürlich wilder und männlicher. Zu diesem Zeitpunkt wusste ich noch nicht, dass er sein ganzes Leben auf Schnelle und rasante Fahrzeuge stehen würde und das auch noch in seinen Genen auf unsere Jungs weitergeben würde.

Bei dieser besagten Ausfahrt waren wir flott unterwegs und wenn er bremste, daran kann ich mich noch genau erinnern, quetschte es mich ganz eng an ihn und ich versuchte danach, wieder etwas Abstand zu gewinnen.

Er merkte dies natürlich und bremste öfter als nötig, wie er mir später erzählte, und ich „braves Mädchen" hatte diese Aktion nicht gecheckt.

Also mir gefiel die Optik, das Raue und auch die fürsorgliche Seite. Meine Freundin wurde während ihrer Schwangerschaft von ihrem Freund verlassen. Erst kurz aus der Klinik mit ihrem kleinen Töchterchen heimgekommen, besuchten wir sie. Bei diesem Besuch bei ihr faszinierte er mich unendlich. Der kleine, wenige Wochen alte Spatz sollte gebadet werden und er war es, der meine Freundin fragte, ob er das machen könnte. Bis heute sehe ich das Bild vor mir, wie er sich seine Hemdärmel hochkrempelt und das kleine Menschenkind wie selbstverständlich badet.

Der innere Instinkt sagte mir womöglich, der wäre ein liebevoller Vater meiner Kinder. Kurzum, in alles, was er machte, verliebte ich mich und ihm ging es vermutlich nicht anders.

Siebenundzwanzig Jahre später geht es mir noch genauso. Mir gefallen sein Aussehen und seine mittlerweile grau werdenden Haare. An seinen Bart, den er sich seit einem Urlaub in Norwegen hat wachsen lassen, habe ich mich gewöhnt und ihn akzeptiert. Am Anfang fand ich es furchtbar kratzig, besonders beim Küssen. Aber jeder in einer Beziehung braucht auch ganz wichtig das Recht, so sein zu dürfen, wie er sein will.

Ich liebe auch seinen Geruch. Vielleicht bringt dieser Satz manche zum Schmunzeln, aber ich meine es genauso, wie ich es sage.

Er riecht für mich gut und ich mag auch den Geruch an ihm, wenn er nach dem Rasenmähen schwitzt, da es noch immer ein verschwitzter, guter Geruch ist.

Der Geruch, sich riechen können, hat, glaube ich, mehr Bedeutung als man glaubt.

Sich zu verlieben und über die Jahre verliebt zu bleiben und sich zu lieben, ist sicher ein Geschenk.

Es ist ein Rundumpaket aus Sich-noch-immer-gefallen von der Optik her, Sich-riechen-können, die Art und Weise, wie man miteinander umgeht und wie der Partner mit den Kindern umgeht.

Es sind die wichtigen Sachen wie guter Sex auch nach Jahren und die Kleinigkeiten, wie sich gegenseitig kleine Überraschungen zu machen. Es ist der Kuss vor dem Schlafengehen und die vielen spontanen Küsse am Tag. Es sind die gleichen Interessen und das gegenseitige Verständnis für verschiedene Interessen. Es ist das plötzliche An-die-Hand-nehmen beim Spazierengehen und die gemeinsamen Tränen und der gemeinsame, stille Kummer, wenn man sich auch ohne Worte versteht.

Geliebt zu werden und Liebe ist das Wichtigste auf der Welt, das habe ich in den letzten Wochen am eigenen Leib wieder hautnah erfahren.

Es war schön, ihn an diesem Nachmittag bei mir zu haben.

Die folgende Nacht war wieder eine lange Nacht für mich. Für die Operationsschmerzen brauchte ich nur zu läuten und mir wurde eine Infusion angehängt. Die Kreuzschmerzen vom Liegen und die Schmerzen beim Atmen machten mir aber trotzdem Probleme.

In dieser Nacht wurde ich wach und dachte mir: Es wird schon hell, ich habe es geschafft. Kurze Zeit später merkte ich erst, dass der

Blick aus unserem Zimmer direkt in einen hell erleuchteten Gang ging und es erst 23:45 Uhr war.

Um auf das WC zu gehen, musste ich läuten, da mein Kreislauf noch ein wenig labil war. Danach stellte ich mein Bett wieder so buckelig wie gestern der Pfleger, da diese Position momentan am angenehmsten für mich war.

Wir wurden recht früh geweckt und so gegen 8:00 Uhr gab es Frühstück, das ich am Bett seitlich sitzend aß.

Es war anstrengend, sich seitlich zu drehen und hochzukommen und die Tasche mit den Behältern mitzunehmen, aber jeder war freundlich und half mir.

Das Frühstück selbst war sehr gut. Ich habe morgens immer Hunger, so auch im Krankenhaus. Ich hatte mir Kaffee, ein Grahamweckerl, Butter, Topfen und ein Müsli bestellt, war aber froh, mich nach dem Essen und der Katzenwäsche wieder niederlegen zu dürfen.

Vormittags kam die Visite, die sich vor allem für die Menge der Flüssigkeit in den beiden Behältern interessierte, und eine frühere Arbeitskollegin aus Schlierbach besuchte mich. Unser Kontakt war seit der Zeit, als wir uns bei der Landesausstellung „Mahlzeit" 2009 kennengelernt hatten, nie abgerissen. Ich freute mich sehr über ihren Besuch. Erst wenige Wochen zuvor hatten wir uns in Gmunden zu einem schönen Nachmittag getroffen. Ich nicht ahnend, was ich in mir trug und wenige Tage später erfahren würde.

Kurz nach ihrem Besuch kam das Mittagessen.

Das Mittagessen war ausgezeichnet. Man kann im Nachhinein wirklich sagen, dass das Essen in diesem Krankenhaus mehr als ausgezeichnet schmeckte und das Wort Krankenhausessen fast eine Beleidigung wäre.

An diesem Nachmittag, das wusste ich, würden meine Arbeitskolleginnen kommen. Da man mir den Venenzugang für die Infusionen entfernt hatte und ich nun Tabletten für die Schmerzen bekam, ließ ich mir noch eine geben, um den Nachmittag besser zu schaffen und fitter zu sein.

Ich freute mich wirklich sehr, als drei meiner Arbeitskolleginnen kamen. Meine Leiterin, meine Freundin aus der Arbeit, wie ich sie immer bezeichne, und meine Kollegin aus der Gruppe. Ich fand es auch sehr berührend, dass sich auch ihre Männer für mich Zeit genommen hatten.

Dass seit der OP erst zwei Tage vergangen waren, merkte ich spätestens jetzt. Liegen und mit mehreren Leuten zu reden war anstrengend, sehr sogar, und die Tablette, die ich vorher genommen hatte, tat ihr Übriges. Ich schwitzte vor mich hin, schrecklich sogar.

Sie überreichten mir ein Geschenk, das sie mir zu meinem fünfzigsten Geburtstag ausgesucht hatten. Zwei Armbänder. Eines mit einem zarten grauen Stoffband und einem Schutzengel darauf, auf dem anderen Silberarmband ist das Zeichen von Ying und Yang zu sehen. Wunderschön.

Sie hatten sich echt Gedanken gemacht, den einen Schutzengel konnte ich wirklich gebrauchen und Ying und Yang haben für mich eine wichtige Bedeutung.

Die Mutter meiner Leiterin hatte mir erste Kekse mitgegeben. Das fand ich sehr berührend. Wir haben übrigens den gleichen Vornamen und der ist eher selten.

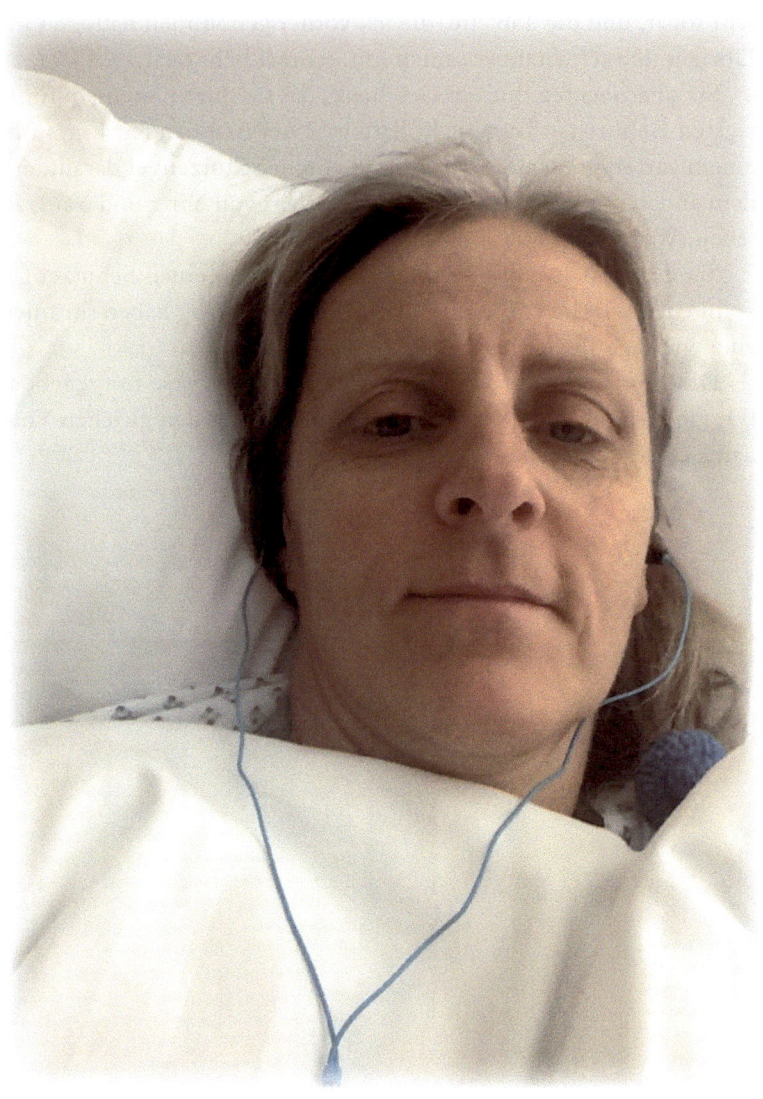

11. November 2017
Zwei Tage nach meiner Operation

Die Armbänder meiner Arbeitskolleginnen

In dieser Nacht wachte ich so gegen 2:00 Uhr morgens schweißgebadet auf. Ich läutete zum Toilettengang und da ich auch ein neues Nachthemd brauchte, half mir die Schwester aus dem verschwitzten heraus.

Bis jetzt hatte ich vermieden, meine Wunde genauer anzusehen, nur meinem Mann hatte ich sie bereits gezeigt. Er konnte es sich anschauen und empfand es als Pfand, mein Leben zu retten und nicht ekelig von der Wunde selbst.

Ich schielte immer nur vorsichtig unters Nachthemd, mehr nicht.

In diesem Moment aber, als mir die Schwester um 2:00 Uhr nachts half, das verschwitzte Nachthemd über den Kopf zu ziehen und es in den Wäschebehälter legte, hatte ich vergessen wegzusehen und ich sah mich zum ersten Mal nackt mit nur einer Brust und einer riesigen Narbe auf der anderen Seite im Spiegel.

Ich glaube, ich schaute nicht in den Spiegel, ich starrte mich an. Wenige Sekunden später begann mein ganzer Kopf zu surren und ich spürte, wie ich von meinem eigenen Anblick ohnmächtig wurde.

Sie setzte mich auf den Hocker und läutete der zweiten Nachtschwester. Ich klammerte mich am Waschbecken fest und spürte, dass ich mich gleich nicht mehr spüren würde.

Zu zweit hievten sie mich wenige Sekunden später in einen Rollsessel und fuhren mit mir zum Bett. Ich weiß nicht, wie ich hineingekommen bin. Ich weiß, wie das Fußteil nach oben und das Kopfteil nach unten gestellt wurde.

Da lag ich. Fertig. Erschöpft wie nach einem Marathon.

In dieser Position wurde ich am Morgen wach. Ich fühlte mich wie gerädert. Ich hätte an diesem Morgen gerne auf mein Frühstück verzichtet, ich wollte mich nicht bewegen.

Ich musste aber wegen des Kreislaufs essen und ich musste mich etwas frisch machen und die Zähne putzen. Das Nachthemd behielt ich an.

Der Vormittag verging. Die Visite kam kurz vorbei und in der Zeit dazwischen redeten Theres und ich immer wieder oder ich hörte Musik.

Doch dazwischen waren die ruhigen Augenblicke, in denen mir sehr wohl bewusst war, was in dieser Nacht passiert war. Mir wurde bewusst, wie weg er war, mein rechter Busen. Ich hatte ihn mir zugehalten zu Hause, um mich dem Gedanken zu nähern, aber das war nicht ansatzweise zu vergleichen.

Heute Nacht hatte ich schmerzlich erkannt, wie weg genau aussieht. Ich weinte und es fiel mir sehr schwer.

Am Nachmittag kam mein Mann mit den Jungs und meiner Schwiegertochter. Das „fast" lasse ich jetzt weg. Was sind schon dreihundert Tage. So lange dauert es noch ungefähr bis zur Hochzeit.

Sie versuchten immer, meine Mutter und mich irgendwie abwechselnd zu besuchen. Auch für sie war es alles andere als eine leichte Zeit. Vor zwei Tagen hatten wir uns via Face Time gesehen, da mein älterer Sohn im Krankenhaus Gmunden bei seiner Oma war und mein Mann bei mir.

Ein emotionaler Moment. Wir hatten die OP beide hinter uns. Ein gutes Gefühl und ich war sehr dankbar, dass es ihr so gut ging.

Ich genoss den Nachmittag mit meinen Lieben und mein Mann und ich nutzen noch einmal die Chance gemeinsam, allein im Badezimmer unter mein Nachthemd zu sehen.

Allein traute ich mich nicht, wegen gestern. Trotzdem wusste ich, das ist mein neues Ich. Mein Busen ist mein Pfand, weiterleben zu dürfen, und ich muss lernen mich anzusehen und im Weiteren mich so zu mögen.

Wir standen im Bad, er knöpfte mir mein Nachthemd vorsichtig vorne auf und ich schaute gemeinsam mit ihm ein bisschen mehr hin.

Für ihn bin nur ich wichtig. Er hat ja noch immer einen Busen, meinte er. Ich lächelte, ich weinte, ich liebe ihn.

Später am Abend bekam ich noch einmal Besuch. Unsere Bekannten aus dem Mühlviertel. Wir hatten uns bei einem Urlaub in der Türkei kennengelernt und auch diese Freundschaft überdauerte die Jahre und wir verbringen immer wieder recht lustige gemeinsame Nachmittage und Abende.

Er war der erste fremde Mann, der erfuhr, wie meine OP wirklich verlaufen ist. Ich hatte mir im Vorfeld immer Gedanken gemacht, wie ich mit der Situation und mit Fragen umgehen würde und hatte für mich beschlossen, die Leute, die mich hier im Krankenhaus besuchten, die gehörten zu meinen wahren Freunden und meine Freunde lüge ich nicht an.

Er ist mit der Situation gut umgegangen und so wurde es für mich leichter. Freunde heißen nicht umsonst Freunde.

An diesem Abend sah ich mir noch eine Dokumentation von Gregor Schlierenzauer an. Er war darin sehr ehrlich und berichtete über eine sehr schwere Zeit in seinem Leben. Zeitgleich beschloss ich, mich auch meinem Schicksal anzunähern und legte meine linke Hand ganz bewusst auf meine rechte, flache Brusthälfte. Zuerst hielt ich die Hand an dieser Position ganz still. Danach begann ich, langsam meine Finger zu bewegen. Manche Stellen waren hochsensibel, andere empfand ich als komplett gefühllos.

Die Dokumentation gab mir Kraft und Mut und zeigte mir, ich selbst muss es schaffen, nur ich selbst.

Danach ging ich noch einen Schritt weiter. Theres schaute fern und ich fühlte mich unbeobachtet, kämpferisch und ängstlich zugleich.

Ich öffnete einen Knopf meines Nachthemdes und legte die flache Hand auf meine Narbe, von der ich wusste, dass sie sehr lang und nur mit einem dünnen hautähnlichen schmalen Spezialklebestreifen geschützt war.

Dort ließ ich sie ruhen, lange. Es war genug für heute.

Die kommende Nacht war etwas besser. Einmal versuchte ich mich unbewusst umzudrehen und zog dabei an den Schläuchen. Ein furchtbar brennender Schmerz war die Folge und sofort hielt ich mich wieder ganz still und war äußerst froh, als es nachließ.

Am Morgen freute ich mich auf mein Frühstück und zur Visite kam dieses Mal die Ärztin, die mich auch operiert hatte.

Sie fragte mich, wie es mir geht, erklärte mir, dass es nicht anders bei der OP gegangen wäre aufgrund der Tumorgröße und Tumormenge. Auch sie kontrollierte die Behälter und ordnete an, dass ein Schlauch herausgezogen werden darf.

Dies wurde kurz darauf von einer Schwester gemacht. Ich hatte etwas Angst davor, aber diese war unbegründet. Kaum hatte sie die Naht durchtrennt, an der der Schlauch angenäht war, musste ich einmal kräftig ein- und ausatmen und beim Ausatmen zog sie ihn heraus und ich spürte nur ein eigenartiges Gefühl in meiner Brust, jedoch keine Schmerzen.

Theres verließ an diesem Vormittag das Krankenhaus und wir tauschten unsere Telefonnummern aus. Wir hatten uns echt gut verstanden.

Bereits um 11:00 Uhr zog für eine Nacht eine grauhaarige Frau von ungefähr fünfundsiebzig Jahren in meinem Zimmer ein.

Auch sie war wegen Brustkrebs operiert worden, wie sie mir später erzählte. Vor fünfundzwanzig Jahren hatte sie einen bösartigen Tumor an der Niere, glaube ich. Viele Jahre hatte sie Angst, erzählte sie mir, er würde zurückkehren.

Heuer wollte sie feiern. Fünfundzwanzig Jahre frei von dem, wovor sie so lange Angst gehabt hatte. Bei einer Routineuntersuchung heuer an der Brust schaute der Arzt länger an einer Stelle. Länger und genauer, sagte sie mir. Da wusste sie, es ist etwas nicht in Ordnung.

Jeder spürt diese Angst, die in einem aufsteigt. Ich kann mich noch hautnah an diesen Augenblick erinnern. Ich bin die Jüngste, alle anderen sind älter. Warum habe ich diese Krankheit in so jungen Jahren bekommen und warum trifft es mich so hart? Alle anderen haben noch zwei Brüste.

Fragen, auf die ich nie eine Antwort bekommen werde, ich weiß.

Am späten Nachmittag überraschten mich meine Leiterin und meine Freundin aus der Arbeit mit einem Überraschungsbesuch. Ich freute mich sehr und fand es auch alles andere als selbstverständlich, dass sie sich so viel Zeit für mich freischaufelten.

Jetzt erfuhren auch sie die wahren Ausmaße meiner OP. Sie blieben lange bei mir und es war echt schön.

Als Ingrid, meine neue Zimmernachbarin, und ich wieder allein waren, redeten auch wir viel miteinander. Auch sie war sehr nett und wir verstanden uns gut. Auch sie schlief fast leise und ich gewöhnte mich immer mehr daran, auf dem Rücken zu schlafen, da ich auf der nicht operierten Seite nicht gut liegen konnte und auf der anderen schon gar nicht.

An diesem Morgen bekam ich nach der Visite von einer anderen Schwester das zweite und letzte Schläucherl herausgezogen und auch sie schaffte es für mich schmerzfrei.

Ich fühlte mich befreit und ich durfte endlich duschen. Die Stelle wurde wasserdicht gemacht und dann saß ich wenig später auf einem Hocker in der Dusche. Ein unendlich erhebendes Gefühl.

Wie unachtsam duscht man sich zu Hause jeden Tag. In diesem Moment aber hatte ich das Gefühl, ich spüre jeden einzelnen Tropfen warmen Wassers auf der Haut. Ich roch den Duft meines Duschgels. Es ist der Geruch nach Sanddorn und ich spürte das angenehme Gefühl, die Haare gewaschen zu bekommen.

Danach fühlte ich mich wie neu geboren, aber auch fix und fertig und bereit, mich wieder in mein Bett zu legen.

An diesem Vormittag ging auch Ingrid nach Hause beziehungsweise wurde von ihrer Tochter abgeholt. Kurze Zeit später wurde das Bett frisch bezogen, blieb aber leer.

Ich versuchte täglich meine Sportrunde zu absolvieren und merkte, dass mir die zwei Runden am Gang immer leichter fielen.

Kurz nach 13:00 Uhr kommt die Dame aus dem Orthopädiegeschäft, um mir meine Erstversorger-Prothese anzupassen.

Schrecklicher Name für einen BH mit einer Wattefüllung auf einer Seite.

Da man mich vorher nach meiner normalen Körbchengröße gefragt hatte, hatte sie einen BH in dieser Größe dabei.

Der war zu weit. Sie sind so zart oben herum, meinte sie zu mir. Diesen Satz hatte ich noch nie so oft in meinem Leben gehört wie hier im Krankenhaus. Also machte sie sich wieder auf den Weg ins Geschäft, um etwas Passenderes zu holen. Sie kam sehr schnell wieder zurück mit dem gleichen BH, besser: mit der gleichen Erstversorger-Prothese. Er war weiß. Ich mag keine weißen BHs und ich probierte ihn an. Ich kam mir vor wie Katie Price.

Meine Oberweite war riesig, da alles vorne so zentriert war, und ich hatte das Gefühl, nicht vorbeizusehen.

Sie musste lachen, mir war es ernst. Also zupfte sie einen Teil des Füllmaterials heraus. Ich fand es besser, aber noch immer irgendwie fremd, falsch und nicht ich.

Aber der war es. Es gab bei diesen Erstversorger-Prothesen keine Auswahl und auch nur ein Stück. Ich sollte mich bei meiner Versicherung wegen eines zweiten BHs erkundigen.

Also rief ich bei meiner Versicherung an. Ich hatte eine wahrlich kompetente Dame am Telefon, die mir doch tatsächlich furchtbar ruppig erklärte, dass dies nur mit chefärztlichem Ansuchen und Unterlagen vom Krankenhaus eventuell unter besonderen Umständen möglich wäre.

Ich war richtig geladen und schloss unser Gespräch mit den Worten: Passt, wenn der BH sauber ist, gehe ich außer Haus, und wenn er bei der Wäsche ist, bleibe ich zu Hause und kann somit auch nicht zur Arbeiten gehen – und das als Sonderklassenversicherte, die monatlich ordentlich zahlt.

An diesem Nachmittag besuchte mich meine Freundin aus Kindertagen. Auch sie nutzte ihren freien Nachmittag für nichts anderes als für mich.
Eigentlich verlangte ich es von niemandem, so weit zu fahren, deshalb freute ich mich über jeden Besuch sehr.

An diesem Abend hatte ich das Gefühl, gar nicht im Krankenhaus zu sein. Da ich nicht läutete, da ich keinen Grund hatte, kam niemand zu mir herein.
Ich drehte den Fernseher auf, da es der erste Abend war, an dem ich mit niemandem reden konnte, sah fern und beantwortete nebenbei ein paar WhatsApp-Nachrichten. Kurz vor 22:00 Uhr telefonierte ich noch mit meinem Mann und er wünschte mir eine gute Nacht.

Ich glaube, es war 22:20 Uhr, als die Tür meines Krankenhauszimmers geöffnet wurde und eine Frau unter starkem Stöhnen hereingeschoben wurde.
Sie war an eine Infusion angehängt und ihr Mann hielt ihr die Kartontasse zum Hineinbrechen an den Mund, in die sie sich sofort übergab.
Danach half man ihr beim Ausziehen, beim Brechen, beim WC-Gang und auch dort beim Brechen.
Wieder in ihrem Bett, streichelte ihr Mann ihr liebevoll über den Kopf. Sie weinte und meinte, sie sei komplett zugedröhnt von der Infusion.
Sie stellte sich nur kurz mit Helga vor, ansonsten war sie mehr als mit sich selbst beschäftigt. Sie tat mir leid und ich mir irgendwie auch, da es natürlich nach Erbrochenem roch, und das Licht in unserem Zimmer ließ mich nicht wirklich zur Ruhe kommen.
Ich legte mir mein Herz auf die Augen. Es dämpfte das Licht im Zimmer und roch neutral.
Diese Herzen werden von Frauen genäht und von einer Selbsthilfegruppe im Krankenhaus an Frauen mit Brustkrebs verteilt. Nach der

OP wartete es im Zimmer auf mich und ich habe mich sehr darüber gefreut. Mein Herz ist weiß, lila kariert. Lila wie der Lavendel. Ich habe eine große Freude damit. Unter die Achsel klemmen konnte ich es mir noch nicht, aufgrund meiner Narbe. Aber ich legte es mir gerne auf die rechte Brustseite und wischte auch gerne meine leisen Tränen damit ab.

Um ungefähr 1:00 Uhr nachts wurde Helga geholt und zum Röntgen gefahren. Dieses Krankenhaus schlief anscheinend nie.
    Irgendwann hörte ich sie wieder im WC brechen. Die Stimme des Krankenpflegers hörte man auch, wie er liebevoll mit ihr sprach. Irgendwann schlief ich ein.

Helga hatte Krebs. Vor einem Jahr wurde sie am Unterleib operiert, in einem anderen Krankenhaus. Jetzt war er überall. Sie und ihr Mann wussten es. Ich jetzt auch. Ihre Mutter und ihre Kinder noch nicht. Ihre Mutter ahnte es, sagte sie.
    Sie tat mir unendlich leid. Ich bekam Angst.
    Am Nachmittag kam mein Mann. Wir fuhren in den fünften Stock zur Kapelle. Das brauchte ich jetzt. Ich erzählte ihm die Geschichte von Helga, ich erzählte ihm von meiner Angst.
    Du darfst nicht alles vergleichen. Du bist du.
    Als mein Mann später nach Hause fuhr, kam zeitgleich meine Kollegin aus der Arbeit. Wir gingen nach vorn in den kleinen Warteraum, da zu Helga ein Arzt kam, der sich sogar zu ihr an das Bett setzte. Ich hörte noch seine ersten Worte. Sie taten mir weh, ich wollte sie nicht hören, ich wurde so negativ. Ich wollte außerdem nicht stören.
    Meine Kollegin erzählte mir von der Arbeit, von meinen Zwergen. Sie fehlten mir. Es war schon dunkel, als sie ging, und Helga und ich waren wieder allein in unserem Zimmer.
    Wir sind gleich alt. Nicht ganz, denn sie ist neunundvierzig Jahre und ich fünfzig. Sie erzählte von ihren fünf Enkelkindern und davon, dass sie in ein paar Tagen mit ihrem Mann nach Sri Lanka fliegt. Sie brauchte das, die Wärme, das Meer. Sie hielt das Krankenhaus mit seinen weißen Wänden und den weiß gekleideten Menschen nicht mehr aus. Sie hatte so viel hinter sich. Ich fühlte mich klein und elend.

Am Morgen weinte sie schon beim Frühstück. Sie weinte über die Worte, die sie gestern gehört hatte. Heute geht es ihr psychisch scheiße, meinte sie.

Die Psychologin, die man informiert hatte, war noch beschäftigt und mir tat meine Zimmerkollegin wirklich zutiefst leid.

Ich fragte sie, ob sie ein indisches Mantra hören möchte, das mir meine Freundin aus Mauritius bei ihrem letzten Besuch vor meinem Aufenthalt im Krankenhaus vorgespielt hatte. Ich suchte es auf meinem Handy und fand es sofort. Während ihre Infusion in ihre Adern tropfte und die Tränen aus ihren Augen, ließ ich leise die indische Musik laufen. Es war ein Einerlei, ein indischer Singsang, ein Mantra, das einen nach längerem Hören in eine andere Welt verzauberte.

Nebenbei begann ich, meine Eindrücke von Mauritius zu erzählen. Ich erzählte ihr von den Farben des türkisblauen Meeres, dieses betörende Grünblau, das die Augen beruhigt. Ich erzählte von den Farben der Saris der Frauen, die sonntags zum Picknicken an den Strand kommen. Die Gewänder in Rot und Blau und Safrangelb mit ihren goldenen Stickereien darin. Ich erzählte von den Gerüchen der Räucherstäbchen, der Gewürze und den Gerüchen des Landes.

Helga sagte nur, als ich aufhörte: Erzähl weiter. Und zur Musik: So schön. Irgendwann wurde es wieder leichter in ihrer Seele und ich gab ihr den Link zu diesem Mantra.

Als sie zu Mittag ihr Mann abholte und sie sich von mir verabschiedete, nahm sie beim Vorbeigehen noch meine große Zehe, die ich aus der Bettdecke streckte, da mir gerade heiß war, und sagte „Danke" zu mir.

Während ich diese Zeilen schreibe, ist Helga mit ihrem Mann in Sri Lanka und ich schicke ihr die besten Gedanken dorthin, die man jemandem wünschen kann. Alles Gute und einen wunderschönen Urlaub im Rahmen aller deiner Möglichkeiten, Helga.

Es ist Donnerstag, der 16. November. Heute vor einer Woche bin ich operiert worden. Heute vor einer Woche lag ich um diese Zeit noch im Operationssaal. Heute vor einer Woche hat mich die Ärztin von diesem Tumor befreit, der sich in mir ausgebreitet hat, ohne dass ich etwas gespürt habe.

Ich habe ihn mitgetragen, heuer bei unserer Wanderung auf dem Johannesweg im Mühlviertel. Er war schon lange mit mir unterwegs, wie lange genau, weiß ich nicht, denn vermutlich hätte man ihn bei der letzten Mammographie bereits sehen müssen.

Man fühlt sich in diesem Stadium ganz gesund und ist doch todkrank. Ich bin meinem Körper mittlerweile dankbar, dass er mir ein Zeichen gegeben hat, dass die Regelblutung nur einmal für längere Zeit ausgefallen ist.

Ich bin der Ärztin dankbar, sehr sogar. Ich bin dankbar, dass es Menschen gibt, die in einen anderen Körper hineinschneiden können, ohne umzufallen und einem so das Leben retten.

Das Bett neben mir wird erneut neu bezogen. Ich öffne das Fenster und gehe eine Runde auf dem Gang, um dem kalten Luftstrom zu entgehen, der durchs Fenster kommt. Es ist Mitte November und noch immer ist der Skorpion das Sternzeichen, das im Zentrum steht.

Während ich diese Zeilen schreibe, wird mir bewusst, dass ich jetzt schreiben kann, Skorpion ohne Krebs und mein Ziel so formulieren kann: „Skorpion besiegt Krebs." Dafür muss ich arbeiten.

Die Ärztin hat ihren Teil für mich getan und im Tumorboard nächste Woche wird über meine weitere Therapie gesprochen. Ich aber werde auch meinen Teil leisten, dass er keine Chance mehr in meinem Körper bekommt. Ich verbessere meine Ernährungsgewohnheiten und ich versuche, so positiv wie möglich an das Ganze heranzugehen und positiv zu denken.

An diesem Abend geht unverhofft die Zimmertür auf und meine Freundin aus der Arbeit mit ihrem Mann kommt herein. Ich freue mich sehr. Sie ist einfach immer unverhofft bei mir. Sie hat in letzter Zeit unendlich viel für mich gemacht.

Wir fahren gemeinsam in den fünften Stock zur Kapelle. Linz liegt im Lichterschein unter uns, da es schon ganz dunkel ist.

Meine Freundin hat mir vor einiger Zeit einmal zwei Karten geschenkt. Auf der einen steht: „Es heißt Freundschaft, weil man mit Freunden alles schafft", und auf der anderen Karte steht „Freundschaft bedeutet nicht unbedingt, immer im selben Boot zu sitzen, vielmehr geht es darum, Seite an Seite in die gleiche Richtung zu steuern und einander aufzufangen, wenn einer mal über Bord geht."

Als sie sich von mir verabschieden, ist in meinem Zimmer das zweite Bett noch immer leer. Vielleicht bleibe ich ja diese Nacht allein.

Bevor ich mich in mein Bett verkrieche, werde ich richtig mutig, fast übermütig, denn ich beschließe, shoppen zu gehen. Ich fahre mit dem Lift ins Erdgeschoß und kaufe mir im Buffet eine Tafel dunkle Schokolade mit fünfundsiebzig Prozent Kakaoanteil und eine kleine Packung Soletti. Beim Zurückgehen zum Lift schaue ich mir an den Wänden die großen Bilder an. Darauf ist die Gründung und Entwicklungsgeschichte des Krankenhauses zu sehen.

22.000 Operationen jährlich, 1700 Menschen die hier arbeiten, 4400 Essen täglich, die zubereitet werden – Fakten, die ich mir merke.

Wieder in meinem Zimmer angekommen, schalte ich den Fernseher ein und verspeise einen Teil meiner soeben erworbenen Schätze.

Ich habe viel geschafft die letzten zehn Tage. Morgen holt mich mein Mann. Ich freue mich auf mein Zuhause.

Ich habe, bis auf einmal aufstehen, gut geschlafen. Niemand hat mich in dieser Nacht aus dem Schlaf geweckt, nur zweimal habe ich die Nachtschwester bemerkt, wie sie nach mir gesehen hat.

Ich mache mich frisch, frühstücke und öffne das Fenster. Danach gehe ich meine Sportrunde.

Als ich wieder um die Ecke des Ganges biege, sehe ich die Ärztin, die mich operiert hat, und die junge Assistenzärztin aus meinem Zimmer kommen.

Sie haben sich schon gewundert, wo ich bin, da sie im Zimmer nur wehende Gardinen vorgefunden haben.

Ein letztes Mal wird die Wunde kontrolliert und sie beschließt, auch den Klebestreifen zu entfernen. Sie bezeichnet meine Naht als schön und ich erfahre, dass sie von innen genäht wurde und sich der Faden von allein auflöst.

Nächste Woche habe ich Befundbesprechung in der Brustambulanz, dann erfahre ich, wie es mit mir weitergeht. Durch die OP ist alles Menschenmögliche getan worden, dass er nie wiederkommt. Die weitere Therapie zielt auch darauf ab. Trotzdem gibt es bei der Krankheit keine Garantie, erklärt sie mir.

Die Angst wird noch lange in mir stecken und auch immer bei Kontrolluntersuchungen da sein. Aber Krebs spürt man am Anfang nicht. Niemand, der sich gesund fühlt, hat eine Garantie, gesund zu sein, damit muss ich mich wohl trösten.

Nicht schwer heben, die Aufgaben und Arbeiten zu Hause delegieren, rät sie mir noch mit einem Schmunzeln. Ich bin sehr froh, in ihre Hände gefallen zu sein. Danke.

Wenig später säubert eine Schwester die Wunde und klebt über einen Teil der Narbe ein frisches Pflaster, da sie dort noch nicht so zusammengeheilt ist.

Danach lege ich meine Tasche auf das Bett und beginne einzupacken. Um circa 10:15 Uhr kommt mein Mann in mein Zimmer.

Er nimmt mich in den Arm und ist froh, mich wieder mit nach Hause nehmen zu können. Während er die schwere Tasche vom Bett hebt, drücke ich dem Herrgott am Kreuz in meinem Zimmer noch einen Kuss auf seinen Körper und sage für mich leise „Danke schön".

Der Arztbrief ist auch schon fertig und wir verabschieden uns an der Info mit einem kleinen Geschenk und einem Geldschein für die Kaffeekasse.

Wir melden uns im Erdgeschoss ab und gehen durch die große Drehtür, den Haupteingang, ins Freie.

Es ist merkwürdig und erhebend zugleich, wenn man wieder in der frischen Luft steht. Alles ist so selbstverständlich im normalen Alltag. Dabei ist alles, was man täglich so machen darf, ein Geschenk.

Wir gehen in die Tiefgarage zu unserem Auto und verlassen Linz.

Mein Mann braucht noch eine Bestätigung vom Hausarzt, wegen seines Pflegeurlaubes, und deshalb fahren wir direkt dorthin. Es ist 11:55 Uhr, als wir beim Arzt ankommen. Danach gehen wir im Ort in eine Pizzeria, so brauchen wir heute noch nicht selbst zu kochen, und ich bin ohnehin schon sehr hungrig.

In unserem Ort gibt es kein Landgasthaus mehr. Es gibt zwei Pizzerien und einen Kebab-Stand. Ich bestelle mir eine Gemüseplatte. Es schmeckt sehr gut. Das Gemüse ist überbacken, dazu gibt es Kartoffeln und Cremegemüse.

Danach geht es direkt nach Hause.

Schön ist es daheim und blitzblank.

Zuerst ziehe ich mich um und raste, denn alles ist mir noch anstrengend. Später beginne ich meine Tasche auszuräumen.

Gegen Abend schauen unser Großer und seine Verlobte vorbei. Morgen kommen sie zu Mittag mit einer Essenslieferung, erzählen sie mir.

Ich schlafe unruhig, träume, und mein Mann spricht mich in der Nacht des Öfteren an. Durch mein Schlafen in Rückenlage bin ich etwas lauter als vorher.

Mein Mann hat am nächsten Tag Dienst, kommt aber zum Essen nach Hause. Es gibt ein gelbes Curry mit gelben Linsen, Karotten und einem Hauch Hühnchen.

Meine Schwiegertochter ist noch recht jung und bereits eine ausgezeichnete Köchin. Außerdem kocht sie für mich eigens sehr gesund und alle meine drei Männer machen mit. So sitzen wir an diesem Samstag zu Mittag alle wieder beim gemeinsamen Mittagstisch.

Auch meiner Mutter geht es den Umständen entsprechend recht gut.

Am darauffolgenden Sonntag bringt mir die Mutter meiner Schwiegertochter die Beerensträucher, die sie eigens für mich in einer Gärtnerei bestellt hat.

Diese enthalten viele Inhaltsstoffe, die den nicht mehr vorhandenen Krebs in meinem Körper keine idealen Bedingungen vorfinden lassen sollen, und das auf lange Sicht.

Es sind Sibirische Beeren, die sehr früh im Jahr reif werden, Aroniabeeren und Sommerhimbeeren.

Im leichten Schneegestöber setzt sie mein Mann ein. Diese Art von Tätigkeiten liebt er wirklich. (Scherz)

Zu Mittag kocht unser Jüngster Palatschinken. Natürlich mit Werfen, so wie die Profiköche, während mein Mann die Waschmaschine füllt.

Ich sitze am Küchentisch und warte auf die ersten Meisterstücke.

Am Nachmittag fahren die beiden ins Krankenhaus Gmunden. Ich bleibe noch zu Hause, da ich mich noch nicht fit genug fühle.

In dieser Nacht hat er wieder Nachtdienst und da ich allein bin, schalte ich nach genau zwei Wochen wieder meinen Laptop ein.

„Willkommen zurück." Es ist mir ein Bedürfnis, das Erlebte der letzten Tage aufzuschreiben. Meine Finger eilen über die Tastatur und nur meine Schmerzen, die ich habe, wenn ich länger sitze, lassen mich stoppen und zu Bett gehen.

Am nächsten Morgen gibt es frisches Gebäck. Wir frühstücken gemeinsam und gehen das erste Mal nach langer Zeit einkaufen. Bei uns im Ort, nur das Wichtigste.

Am Nachmittag besucht uns meine Freundin aus der Arbeit. Sie bringt mir einen Strauß orange Gerbera mit und Obst.

Wir reden und schmieden Pläne.

In der kommenden Nacht hat mein Mann noch einmal Nachtdienst, dann hat er ein paar Tage Pflegeurlaub. Ich bin froh, denn vieles kann ich nicht allein machen.

Er bringt mir am nächsten Morgen mein bestelltes Dinkelweckerl mit.

Immer wenn mein Mann Nachtdienst hat, bringt er am Morgen frisches Gebäck mit und Sonderwünsche werden erfüllt.

Zu Mittag kochen wir uns eine Pilz-Zucchini-Tomatenpfanne mit viel Zwiebeln, Knoblauch und mit Kurkuma gewürzt.

Mein Mann kocht leider nicht gern und bereits an der Art, wie grob er die Zwiebel schneidet, merkt man ihm das an. Er bezeichnet seine Riesenstücke als mediterran.

Am Nachmittag besuchen wir meine Mutter. Sie weiß es nicht, da es eine Überraschung sein soll. Heute will ich es schaffen.

Den Weg vom Parkplatz zur Geriatrie nehme ich als mein Sportprogramm für den heutigen Tag.

Die Abteilung ist ganz neu und am Gang hängen Bilder aus Frankreich. Genauer: aus der Provence.

Einige der darauf abgebildeten Orte kenne ich, weil ich sie vor über dreißig Jahren auf meiner dreiwöchigen Frankreichreise mit einer Ente, einer 2 CV, schon bereist habe.

Orte wie Orange und Avignon. Andere Bilder zeigen Orte, die ich gerne sehen würde, weil sie die blühenden Lavendelfelder zeigen.

Lavendel, immer wieder spielt er in letzter Zeit eine Rolle. Ganz gleich ob es der Geruch ist oder die Farbe.

Ich möchte sie sehen, diese endlosen lila Felder. Ich möchte mittendrin sitzen und glücklich sein.

Mein Mann betritt das Zimmer als Erster. Ich warte noch kurz im Gang. Ich sehe sie nur aus dem Bad kommen, da sie sich für die Besuchszeit schick gemacht hat. Schick heißt bei uns beiden frisch frisiert, darüber haben wir erst vor ein paar Tagen, als auch ich noch im Krankenhaus war, gelacht. Wir haben beide Wäsche gespart und nur die Krankenhausnachthemden getragen, damit nicht viel Wäsche von uns für zu Hause anfällt. Außerdem sind sie viel bequemer zum Anziehen, da keine von uns den Arm richtig heben kann. Sie links, ich rechts.

Jetzt stehe ich im Gang und freue mich, die Tür zu öffnen und sie nach zwei Wochen zu sehen. Zwei Wochen und zwei Operationen später.

Dann ist es soweit. Ich ergreife die Türklinke und drücke sie nach unten.

Da steht sie neben meinem Mann, noch neben ihrem Bett und sagte nur: Na, was so viel wie „Das gibt es doch nicht" heißen soll.

Danach umarmen wir uns. So gut, wie es mit einer frisch operierten Schulter und einer operierten Brustseite möglich ist. Sanft, ganz leicht.

Es ist schön. Wir reden und trinken einen Kaffee im Büfett. Ich merke aber auch, wie anstrengend mir das Sitzen und reden fällt. Noch immer.

Jetzt ist uns leichter ums Herz und als wir uns verabschieden, wissen wir unserem Leitspruch getreu „Wir schaffen das". Als mir im Gang doch die Tränen herunterrollen, meint sie noch: Wie sind wir, stark sind wir.

Ich habe eine tolle, sehr starke Mutter. Ich bin stolz auf sie.

Beim Nachhauseweg machen wir noch einen kleinen Umweg, um ein Autoteil abzuholen. Die Straße dorthin ist ein wenig holpriger und ich hatte das Gefühl, einen Riesenbusen zu haben, der bei jeder Unebenheit der Straße extrem schwankt. Kurz: Ich habe echt Schmerzen und drücke die linke Handfläche auf die nicht vorhandene Brust beziehungsweise auf die operierte Seite.

Es ist zu viel gewesen. Ich merke, dass ich nicht mehr kann und bin sehr froh, als wir endlich zu Hause sind.

Mein Weg führt mich direkt ins Bad, dort schlüpfe ich in meinen Pyjama und danach nehme ich eine Schmerztablette und lege mich auf die Wohnzimmercouch.

Aus, Ende, zu viel für heute.

Die Nacht ist schrecklich gewesen. Ich schlafe schlecht und wenn ich aufwache, kommt die Angst. Morgen habe ich im Krankenhaus meine Befundbesprechung.

Ich bin froh, aufstehen zu können und die Nacht geschafft zu haben. Genauso froh bin ich, den Vormittag geschafft zu haben und endlich im Auto in Richtung Linz zu sitzen.

Wieder einmal sitzen wir schweigend nebeneinander. Mein Mann traut sich diesmal nicht mehr zu sagen, was sollen sie dir denn Schlimmes sagen – so wie das eine Mal.

Damals waren drei Untersuchungen ausgewertet und er versuchte, mich zu beruhigen. Die vierte Untersuchung damals, auch das eine Mal war ich so aufgeregt, riss uns den Boden weg.

So sitzen wir mehr oder weniger schweigend, mit einigen Wortfetzen dazwischen und dem Radio an, nebeneinander im Auto.

Wieder fühle ich mich so aufgeregt, dass ich ganz ruhig und müde werde. Diese Art, damit umzugehen, fällt mir zum zweiten, dritten Mal auf an mir.

Ohne Stau und somit eine halbe Stunde früher erreichen wir das Krankenhaus.

Einfahrt Parkplatz, Schranken, Parkticket drücken und entnehmen, einen freien Stellplatz suchen, einparken, absperren, zwei schwere Türen, zwei Treppen nach oben, die Straße überqueren, Eingang Brustambulanz, anmelden, Daten richtigstellen, gelbe Hülle in Empfang nehmen, geradeaus, drei Stufen nach unten, zum WC gehen, nach rechts und auf den Sesseln vor den Türen zehn und elf Platz nehmen.

Alles wie immer, wie schon öfter.

Wir warten, nebeneinander und ohne viele Worte. Ich halte diese Nervenspannung, die mich die letzten Wochen begleitet, nur mehr schwer aus. Aber es hilft nichts, jeder hier hat vermutlich vor irgendetwas Angst. Vor einer Stechbiopsie, vor einem Befund, vor einer Befundbesprechung.

Eine ältere Frau mit einem lavendellilafarbenen Wollpulli kommt nach mir in den Wartebereich. Mein Mann und ich sehen uns an und kennen uns aus. Auch sie trägt keinen BH, auch sie hat eine ganz flache Brustseite und auf der anderen Seite nur wenig Brust.

Ich bin derzeit immer die Jüngste, ansonsten sind wir gleiche Typen von Frauen. Schlank, wenig Brust, oft keine gefärbten Haare und jede schaut aus, als würde sie sich bewusst ernähren. Nicht gerade die Paradetypen für diese Krankheit.

Wir warten diesmal nicht recht lange. An der Tür kleben zwei Namensschilder. Den einen Namen kenne ich. Es ist der Name der jungen Assistenzärztin, die ich in der Station bereits kennengelernt habe, den Namen des zweiten Assistenzarztes kenne ich nicht.

Als ich von der Schwester in den Raum gebeten werde, steht eine ebenfalls im Wartebereich sitzende Frau auf und meint, sie sei früher hier gewesen.

Es geht nicht danach, wird ihr erklärt. Wir wissen bereits, dass man als Wartender nicht alles versteht. Mir ist aber in diesem Augenblick sowieso alles egal.

Da sitzt sie, die junge Assistenzärztin, und ich bin froh, sie zu sehen. Ja, ganz ehrlich, ich will nicht noch einmal verwechselt werden und keine mir wieder unbekannten Gesichter sehen.

Sie lächelt und sieht mir vermutlich an, was ich denke. Sie kennt meine Geschichte, sie war es, die mir damals von der weiteren Stechbiopsie erzählt hat, sie war dabei, als mir wenige Minuten später bei der Visite ein anderer Arzt die eben doch schon vermutete, aber nicht ganz sichere Diagnose ohne jedes Gefühl an den Kopf geworfen hat.

Mit ihr habe ich auch einmal gesprochen, dass dies nicht der einzige „unglückliche" Vorfall war, wie man das nennt.

Sie hatte mir zu meinen fünfzigsten Geburtstag gratuliert, als sie für das Narkosegespräch ins Zimmer kam und meine Karte vom Kindergarten mit den fünfzig Kerzen über meiner Bettdecke liegen sah, und ihr waren meine Islandsocken aufgefallen.

Da sitze ich ihr nun mit meinem Mann gegenüber und alles geht eigentlich ganz schnell. Für mich jedenfalls.

Mir wurden während der OP zwei Lymphknoten entfernt. Aufgrund der Histologie dieser und des Brustgewebes wurde für mich gestern im Tumorboard eine weitere Therapie mit Tabletten, Anti-Hormonen, beschlossen.

Meine Art von „nicht mehr Krebs" spricht auf Hormone an und somit werde ich nun für die nächsten Jahre mit dieser Tablette leben lernen, um ihm auch auf diese Weise nie mehr eine Chance zu geben.

Sie kontrolliert meine Wunde und schneidet den letzten Fadenzipfel unter der Achsel weg, der von meinem Körper absteht, da die Schwellung zurückgegangen ist seit der OP.

Auf meine Frage, warum ich Schmerzen zum Beispiel beim Autofahren auf unebenem Gelände habe, meint sie, dass dies eben doch noch Auswirkungen von der Operation sind, da auch das Nachbargewebe reagiert.

Ich bekomme einen Termin für meine nächste Kontrolle Ende Februar nächsten Jahres und ich soll zeitgleich einen Termin bei meiner Frauenärztin ausmachen.

Im ersten Jahr wird eine vierteljährliche Kontrolle bei der Frauenärztin angeraten, da ich jetzt künstlich in den Wechsel geschickt werde.

Sie ist eine gute Ärztin und ich wünsche ihr, dass sie in all den Jahren, die sie ihren Beruf ausüben wird, nie das Gefühl für den Menschen selbst verliert.

Es ist das bisschen Gefühl, das man als Patientin braucht, wenn einen die Diagnosen überrollen und sie einem den Boden wegziehen.

Als wir den Raum verlassen, sitzt Theres vor mir. Auch sie hat heute Befundbesprechung und auch ihr sieht man die große Anspannung an, die auf ihr lastet.

Wir reden kurz und verabschieden uns mir den Worten: Wir hören voneinander.

Ich bin unendlich „kopfmüde" und setze mich kurz auf einen Sessel gegenüber der Anmeldung. Meinen Mann bitte ich, das eben Gehörte noch einmal kurz zusammenzufassen.

Seiner Ansicht nach soll ich mich jetzt riesig freuen, da ich keine Chemo und Bestrahlung brauche, und ich freue mich auch, aber eben nicht so, wie ich mich seiner Meinung nach freuen sollte.

Ich habe mich die letzten Stunden so gefürchtet, dass ich nun einfach leer bin. Und natürlich bin ich froh, dass meine Lymphknoten mir eine Chemotherapie ersparen.

Noch auf der Stadtautobahn melde ich mich bei den Jungs und bei meiner Mutter. Alle freuen sich mit mir.

An einer Raststätte machen wir kurz eine Pause, da ich schon wieder hungrig bin und nicht weiß, was ich zu Hause essen soll. Alles ist fleischlastig und darum suche ich mir zwei Beilagen als Mittagessen. Kartoffeln und Gemüse. Auch mein Mann isst fleischlos. Danach geht es direkt nach Hause.

Zuerst will ich nur schlafen, obwohl ich nicht schlafen kann. Es ist eine eigenartige bleierne Müdigkeit, es sind vermutlich die Nerven, die Nervenanspannung, die nachlässt.

Irgendwann beginne ich zu erzählen, was in mir vorgeht, und mein Mann versucht mich zu verstehen.

Eine Chemo ist sicher ein Albtraum, den sich keiner wünscht. Ist es doch der einzige Weg, wieder gesund werden zu dürfen, akzeptiert man auch diese Art der Therapie. Noch mehr, ich glaube, man ist vielleicht sogar froh, dass es sie gibt.

Eine brusterhaltende Operation und danach eine Bestrahlung, versuche ich meinem Mann zu erklären, lässt einen ähnlich aussehen wie vorher und nach den fünfzehn bis fünfundzwanzig Bestrahlungen kann man schneller vergessen und zum Alltag übergehen.

Ist die Brust aber ganz weg, ist es schon sehr hart, damit umzugehen, denn es verändert das Bild von einem selbst doch sehr. Jeden Tag wird man daran erinnert.

Die Tabletten wie in meinem Fall muss man über Jahre nehmen, also auch sie erinnern einen Tag für Tag, Monat für Monat und Jahr für Jahr.

Außerdem haben sie Nebenwirkungen.

Er versucht mich zu verstehen und meint, es ist typisch für mich, dass ich den Beipackzettel lese, und er hätte mit meinem jetzigen Gesamtbild echt kein Problem. Im Gegenteil, es sind ganz andere Werte, die zählen, und ich gefalle ihm immer noch.

Da fallen mir die Worte meiner Freundin aus Mauritius wieder ein: Warum willst du eigentlich so viel wissen?

Ich will nicht undankbar sein, ganz im Gegenteil. Ich möchte einfach manchmal, dass alles wieder so ist, wie es einmal war.

Ich gehe früh zu Bett und stehe am nächsten Morgen früh auf. Meine Freundin aus Kindertagen besucht mich. Sie bringt frisches Gebäck mit und wir frühstücken gemeinsam. Eine Kleinigkeit habe ich bereits gegessen, da ich heute die erste meiner Tabletten nehme und ich dies zu einer Mahlzeit tun soll.

Die Packung steht in der Küche auf einem Kasten gut sichtbar neben dem Herrgott und einer besonders schönen Marienstatue mit Kind. Für mich einfach ein guter Platz.

Nach dem Frühstück nimmt mich meine Freundin mit in den Ort. Sie muss zur Bank, ich zum Hausarzt, und beides liegt unmittelbar nebeneinander.

Eine Strecke will ich zu Fuß gehen, aber beide sind mir noch zu viel.

Der Hausarzt spricht kurz mit mir, stellt mir das Rezept für die Tabletten aus und stellt für mich den Reha-Antrag. Eigentlich war ich mir vorgestern noch ganz sicher, mir keine Reha-Anstalt auszusuchen, in der nur krebskranke Menschen betreut werden.

Ich habe aber meine Meinung geändert, da ich beim Recherchieren im Internet schnell gemerkt habe, ich brauche es. Ich brauche auch die Angebote, die auf die Psyche eingehen. Umgehen lernen mit Ängsten, kein großes Haus und vieles mehr.

Neben dem Hausarzt ist die Kirche. Ich gehe hinein und zünde drei Kerzen an und bete. Das Sonnenlicht scheint durch die bunten Glasscheiben und unter dem Kreuz stehen die Yuccapalmen, die ich der Kirche vor ein paar Jahren gegeben habe, da sie schon sehr groß waren. Mein grüner Daumen lässt alle Pflanzen bei mir wachsen, das habe ich von meinem Vater mitbekommen.

Mein Mann geht mir entgegen. Zu Hause kochen wir uns ein Gemüse-Couscous-Gericht. Es schmeckt bescheiden.

Jeden Tag versuche ich eine kleine Runde zu gehen, ob es mir Spaß macht oder nicht. Beim Einkaufen mit meinem Mann haben wir meine Schwägerin und meinen Schwager getroffen.

Besser gesagt, meine Schwägerin steht plötzlich einfach vor mir. Sie wirkt sehr bemüht. Mein Schwager hingegen hat mich so gut wie nicht gesehen, zumindest ist seine Reaktion schräg. Er kommt mit einem Päckchen Lebkuchengewürz in der Hand um die Ecke und fragt meine Schwägerin, ob dies das Richtige sei.

Man steht da und fühlt sich in diesem Augenblick wirklich, als ob er nichts verstanden hätte.

Ich habe sie losgelassen, meine Schwägerin war in diesem Augenblick ehrlich bemüht, mein Schwager kalt wie sonst etwas. Ist es mir wichtig? Nein. Tun sie mir weh? Irgendwie ja. Ich habe ihnen nichts getan. Ich habe sie losgelassen.

Samstag, 25. November
Wir fahren nach Gmunden und gehen essen in ein Gasthaus, das wir durch unsere Freunde aus Schlierbach kennenlernen durften. Meist treffen wir uns einmal im Jahr hier mit ihnen. Das Lokal liegt kilometermäßig genau zwischen unseren Heimatorten.

Außerdem ist die Küche ausgezeichnet. Heute gönne ich mir etwas. Ich nehme das Hirschschnitzel mit Schupfnudeln, Brokkoli, Pilzen und einer Zimtbirne mit Preiselbeeren.

Mein Mann nimmt die Bauernente mit Blaukraut, Serviettenknödeln und Bratapfel. Ein Genuss. Fleisch ist eben doch durch nichts zu ersetzen.

Danach besuchen wir meine Mutter im Krankenhaus. Drei Wochen ist sie nun schon im Krankenhaus und sie darf noch bleiben.

Natürlich sind wir sehr froh, da sie sich zu Hause nicht helfen könnte und ich ihr auch keine Hilfe wäre. Andererseits ist es doch eine recht lange Zeit.

Sie redet immer nur positiv und dankbar über alles.

Gestern war Sonntag und wir waren zu Mittag bei unserem Sohn und unserer Schwiegertochter eingeladen. Sie bemüht sich, sehr gesund zu kochen, und es gibt auch eine Nachspeise. Gries-Kuchen mit Banane. Er schmeckte sehr gut.

Am Nachmittag sieht sich mein Mann dann zu Hause das letzte Autorennen der heurigen Saison an. Ganz wichtig für ihn.

In mir macht sich ein riesiges seelisches Tief breit. Mein Rückenbereich in der Nähe der Achsel ist hochempfindlich und schmerzt. In der Mitte meines Brustbeines brennt es vor Schmerzen. Aus meinem After wächst zu allem Überdruss und warum auch immer eine Hämorrhoide, die ordentlich schmerzt, und der ganze untere Bauchraum zieht, da ich eigentlich meine Tage bekommen soll.

Ich fühle mich nur mehr schrecklich. Ich will das alles so nicht. Ich halte das nicht mehr aus.

Kurz entschlossen stehe ich auf, ziehe mich an und gehe eine Runde. Meine Sportrunde. Ich habe weder Lust noch sonst etwas, aber ich darf mich nicht so hängen lassen, jetzt, wo ich doch schon so viel geschafft habe.

An einer Stelle treffe ich immer drei winzige Ponys. Sie haben nichts anderes zu tun als zu fressen, jeden Tag, immer nur fressen. Ich streichle ihnen über ihr dickes Winterfell und schaue ihnen in die großen schönen Pferdeaugen, die mich schon immer fasziniert haben. Nach einer Weile gehe ich weiter. Mein Weg führt beim Friedhof vorbei. Das Grab meines Vaters ist heuer zum ersten Mal seit seinem Tod vor sechseinhalb Jahren nicht schön hergerichtet.

Heuer war alles anders. Das Wandelröschen, das während der Sommermonate so schön geblüht hat, ist braun und die Bodendecker kleben vom ersten Frost niedergedrückt am Stein. Der Blumenstock mit seinen drei großen gelben Blütenkugeln, den jedes Jahr die Schwester meines Vaters hinstellt, lässt alles hängen. Die leeren Plastik-Gefäße der ausgebrannten Kerzen erinnern noch an Allerheiligen.

Die Kerzen und den Blumenstock entsorge ich, sie sind nicht schwer.

Zu Hause erzähle ich meinem Mann davon und wir beschließen, morgen die Pflanzen auszureißen und Tannenzweige aufs Grab zu legen.

27. November 2017
Wir waren am Vormittag auf dem Friedhof und nun sieht das Grab wieder so aus, dass ich zufrieden bin. Zu Mittag kochen wir uns Kohlrouladen, aber in der einfachsten Form. Ich kann meinem Mann nicht sagen, er soll die Reismischung in Kohlblätter einwickeln, das wäre, glaube ich, eine Überforderung für seine kochtechnisch ungeübten Finger. Also schichten wir klein geschnittenen Kohl und die Reisschicht mit einem Hauch Hackfleisch wie eine Lasagne in eine Pfanne. Das Ergebnis ist ausgezeichnet.

Ich habe immer Hunger. Nach einem kurzen Mittagsschläfchen staubt mein Mann einige Räume im Haus ab. Ich bin ihm nicht wirklich eine große Hilfe, obwohl ich im Tagesablauf auch schaue, nicht nur unnütz zu sein.

Gegen 15:00 Uhr drehe ich meine Runde. Danach ruft mich meine Freundin aus Braunau an. Auch sie meldet sich immer wieder bei mir. Meine Kollegin aus der Arbeit ruft zeitgleich an und ich rufe nach dem ersten Telefonat zurück.

Sie berichtet mir vom Kindergarten und auch davon, dass sie sich ein dunkelblaues Hängekleid gekauft hat.

Ich verstehe. Sie hat es auf dem Bild gesehen, das bei mir im Krankenhaus stand und das mich mit meinem dunkelblauen Hängekleid von Marco Polo zeigt. Ich habe es bei unserem Familienfotoshooting getragen.

Dienstag, 28. November

Jetzt bin ich wieder genau im Jetzt angekommen. Ich habe mir die Erlebnisse vom Krankenhaus von der Seele geschrieben und erzählt von den Tagen danach, daheim.

Ich habe eigentlich jeden Tag viel mehr schreiben wollen, eine Nacht durchschreiben, aber das hätte mein Gesundheitszustand nicht erlaubt.

Jetzt bin ich wieder im Jetzt.

Ich blättere den Kalender neben mir zurück, obwohl ich es gar nicht machen müsste, da ich das Datum mein ganzes Leben nie vergessen werde.

Heute vor genau zwei Monaten, genau am 28. September, war ich bei der Sonographie.

Heute vor genau zwei Monaten hat mich mein Mann dort abgeholt, da meine Welt mit nur einem Wort eingestürzt ist. Tumorös.

Heute vor zwei Monaten hat mich um diese Zeit gleich die Frauenärztin angerufen, heute vor zwei Monaten ...

Nie werde ich diesen Tag und die vielen folgenden vergessen und trotzdem bin ich froh, dass ich sie mir zeitgleich zum Erlebten immer von der Seele geschrieben habe. Sie verblassen, ich verdränge, ich bewältige.

Das Schreiben ist für mich meine Art, damit umzugehen. Es hat mich in Stunden der Angst beschäftigt. Es hat mich in Nächten, wenn es dunkel wurde und einsam zu Hause, beruhigt und ich konnte ablegen, was mir so großen Kummer bereitet hat.

Ich konnte niederschreiben, wie schwer es ist, krank, verwechselt und herumgereicht zu werden und wie heilend man Verständnis und Gefühl empfindet.

Ich bin so vielen Menschen dankbar, die mir bis hierher schon so viel geholfen haben, und ich möchte all ihre Namen einmal auf dem Papier lesen.

Ich danke dir, mein Schatz, aus ganzem und tiefstem Herzen. Ich hätte mir keinen besseren Menschen wünschen können, mit dem ich mein Leben teilen darf.

Meinen Jungs, von denen ich alles haben kann und die immer für mich da sind, wenn ich sie brauche.

Für meine Mutter, die für mich ihre OP abgesagt hätte, um für mich da zu sein.

Meiner zukünftigen Schwiegertochter, die sich wirklich bemüht und uns in dieser nicht einfachen Zeit bekocht und hilft. Danke für die nette WhatsApp-Nachricht im Krankenhaus.

Danke an meine Freundin aus der Arbeit, wir haben noch enger zusammengefunden in dieser schweren Zeit und dir habe ich sehr viel zu verdanken.

Danke an meine Leiterin. Nicht jeder hat so eine Chefin, dessen bin ich mir sehr wohl bewusst.

Danke an meine Freundin aus Kindertagen. Wir sehen uns nicht immer gleich oft, aber wenn es für einen schwierig wird, sind wir füreinander da.

Danke an meine Freundin aus Mauritius. Meistens höre ich dir zu, das stimmt. Jetzt aber hast du mir wichtige Worte mitgegeben.

Danke an meine Kollegin in der Arbeit. Sie hat mich wirklich oft angerufen und mich gefragt, wie es mir geht.

Danke an die Mutter meiner Schwiegertochter, wir durften uns durch meine Krankheit erst viel besser kennenlernen.

Danke an meine Freundin aus Braunau. Sie ruft einfach an und erkundigt sich nach mir.

Danke an die Freunde aus dem Mühlviertel, meiner Freundin von der Landesausstellung.

Danke an die Person, die mich mit ihrem Anruf sehr überrascht hat und die mir mit ihren Nachrichten immer wieder Kraft gegeben hat.

Danke auch noch an so manche andere liebe Menschen, die sich nach mir beziehungsweise uns erkundigt haben.

„Akzeptieren was ist – Loslassen und inneren Frieden finden" – das kleine Buch ist mir heute in unserer Drogerie in die Hände gefallen. Besser gesagt, auf meinen täglichen kleinen Runden komme ich auch manchmal in den Ort und bei uns gibt es im Zentrum ein Geschäft mit einer Auslage. Dort sah ich es vorgestern unscheinbar am Rand des dekorierten Schaufensters liegen. Natürlich gibt es in meinem Kopf zu den Worten „akzeptieren" und auch „loslassen" sofort eine Verbindung. Heute habe ich es mir bei meiner Runde am Vormittag gekauft. Dazu einen Kurkumatee und Hildegard-von-Bingen-Kekse.

Ich finde mich wieder in diesem Buch. Ich erwarte manches, weil ich es selbst so machen würde, ich spreche es nicht aus, um nicht zu verletzen. Nicht bei meiner Familie, aber eben bei manchen anderen Menschen.

Daran könnte ich arbeiten.

Jetzt möchte ich eigentlich weiterschreiben, aber es ist 14:45 Uhr, trüb und dunkel. Ich gehe jetzt meine Sportrunde, bevor es zu finster wird und die Jugend mit der Essenslieferung kommt.

Die nächsten Tage vergehen in einem mir gewohnten Rhythmus. Gleich beim Frühstück schlucke ich meine Tablette. Bis jetzt habe ich sie noch keinen Tag vergessen. Ist mein Mann zu Hause, erledigen wir Einkäufe und die Hausarbeit und kochen uns etwas.

Täglich gehe ich meine Runde, um fit zu werden. Meine Freundin aus der Arbeit besucht mich. Wir reden lange. Meine Narbe spannt sehr und ich bekomme die letzten zwei Tage richtig messerscharfe Stiche. Warum auch immer. Meine Freundin aus Braunau hat auch schon vieles erlebt und kennt den Schmerz, von dem ich spreche.

Manchmal kommen Augenblicke am Tag, an denen ich einfach nicht positiv denken kann. Augenblicke, an denen die Warum-Frage wieder mehr Gewicht bekommt.

Auch beim Gehen bleiben meine Gedanken viel zu lange an alten Themen hängen und ich ertappe mich dabei, wie ich gehe und denke, anstelle zu gehen und zu entspannen.

Am Freitag, den 1. Dezember, trifft sich mein Mann mit seinen Brüdern. Er hat dieses Treffen organisiert, da auch er noch einmal wissen will, was eigentlich hinter unserem Rücken läuft.

Ein Gasthaus und nur die drei.

Als er nach Hause kommt an diesem Abend, erzählt er mir natürlich davon.

Anscheinend erzählt auch ihnen meine Schwiegermutter nicht, warum sie den Kontakt mit uns abgebrochen hat. Toll, soll ich das jetzt glauben? Genauso absurd ist es aber auch, eine Schwiegertochter zu verstoßen, weil sie einem erzählt, an Brustkrebs erkrankt zu sein – und den eigenen Sohn mit den Enkelkindern gleich dazu.

Für meinen Mann war das Treffen gut, ich weiß es, denn er ist ein Familienmensch und war die letzten fünfundzwanzig Jahre zuständig, wenn beim Auto der Schwiegermutter etwas zu machen war, genauso wenn im Haushalt oder bei Ämtern und Telefonanbietern Fragen und Arbeiten waren.

Der jüngere der drei Brüder wohnt zwanzig Kilometer weit entfernt. Dem konnte man diese Strecke nicht aufbürden, meinte sie immer, und der mittlere Bruder ist handwerklich nicht geschickt, „botschat", wie sie es nannte. Also war es mein Mann, der immer ganz selbstverständlich angerufen wurde. Jetzt wurde er entsorgt mit mir.

An seine Brüder glaubt er noch. Ich hingegen glaube manchmal, dass vermutlich schon jemand einen Teil dazu beigetragen hat, um dieses Verhalten bei der Schwiegermutter uns gegenüber entstehen zu lassen und aufrechtzuerhalten.

Gerecht und ehrlich soll es einfach sein.

Ich bin vermutlich in dieser Hinsicht naiv, denn gerecht ist meine Schwiegermutter jetzt nicht mehr. Vielleicht war sie es auch nie so ganz, keine Ahnung. Wir hatten immer das Gefühl, es passt alles.

Vor gut zwei Monaten hätte ich womöglich noch die Hand für sie ins Feuer gelegt. Vermutlich ist das auch der Grund, warum ihr Verhalten mir beziehungsweise uns gegenüber so wehtut und noch immer schwer zu verstehen ist.

Bei meinen Schwagern und Schwägerinnen war das immer ein freundlicheres oder nicht ganz so freundliches Verhalten.

Ein Urlaub, der weiter weg geht (Kunststück, sie reisen alle vier nicht recht viel weiter als an die Grenzen Österreichs), ein Auto, das mehr PS hat, ein Kind, das irgendwo besonders gut abschneidet usw. – das alles konnte sich schon auf ihr Verhalten auswirken, indem man einfach manches ignorierte.

Aber wir kamen doch gut miteinander aus und hatten bei Ausflügen, Geburtstagsfeiern und der obligaten Steiermark-Reise eine schöne Zeit.

Vor allem ich hatte gelernt, weniger zu erzählen. Malte ich, malten alle. Töpferte ich, töpferten alle. Ging ich zum Yoga, probierte man auch das aus.

Leider nicht immer lustig. Mein Mann meinte manchmal: Vermutlich gefällt es ihnen.

Kurzum, mein Mann erfuhr bei diesem Treffen nicht wirklich mehr, außer, dass mein Schwager vom Ort meiner Schwiegermutter die letzte Zeit sogar Frühstück machte, da es ihr so schlecht ging. Mittagessen brachte ihr seine Frau.

Ich vergönne ihr das nicht, aber bin mir bei einem sicher. Solange ich meine Haare färben kann oder den Weg zum Friseur schaffe, schaffe ich es auch, die Kaffeemaschine zu bedienen.

Aufgrund ihres Gebrechens kommt sie in die Geriatrie, erzählen ihm seine Brüder.

Und jetzt kommt der Knaller für mich, für uns. Sie kommt in die Geriatrie nach Gmunden und das am 5. Dezember.

Meinen ersten Gedanken, der mir in den Sinn kam, fand ich nicht witzig und doch ließ er mich nicht mehr los. Ich erzählte ihn meinem Mann. Er hatte noch nicht kombiniert, ich schon.

Nur wir beide kannten jetzt das Datum und den Ort und wir kannten auch das Datum, an dem die Bettnachbarin meiner Mutter die Geriatrie in Gmunden verlassen wird. Nein, hoffentlich nicht, dachte ich mir. Das wäre mir jetzt echt zu viel. Für meine Mutter vermutlich auch das Letzte, was sie sich wünschen würde.

Gestern war unser erster Weg zur Info in der Geriatrie. Wir erkundigten uns und der Albtraum wurde uns bestätigt.

Meine Schwiegermutter würde in drei Tagen in das Zimmer meiner Mutter kommen.

Als ich ihr diese Nachricht erzähle, bekommt sie rote Wangen, ich hingegen beginne bereits beim Erzählen zu weinen. Es wäre echt zu viel für mich. Nein, das wollen wir nicht. All die Jahre hatten auch sie sich immer gut verstanden. Wie meine Schwiegermutter jetzt reagiert, kann auch sie nicht verzeihen.

Beim Geburtstag unseres Sohnes Anfang Oktober haben sie nebeneinander gesessen, haben nebeneinander gegessen und sich unterhalten. Auch ihr hatte sie für die OP nicht alles Gute gewünscht. Muss sie auch nicht. Auch bei ihr hatte sie sich seit diesem Tag nicht mehr gemeldet.

Jetzt zehn Tage mit ihr auf engsten Raum in einem Zimmer – das ist auch ihr zu viel.

Heute ist Sonntag, der 1. Advent.

Als heute Vormittag das Handy läutet, ist es meine Mutter. Sie erzählt mir, dass heute bei der Visite ihre Zimmernachbarin das Thema angeschnitten hat. Sie ist eine resolute Natur und hat eben gemerkt, wie stark es meine Mutter belastet. Seit zwei Wochen teilen sie das Zimmer, da lernt man sich kennen und mögen.

Daraufhin hat sich die Ärztin die Geschichte angehört und gemeint, sie würde schauen, ob sich etwas machen lässt.

Ich merke, wie es mich zu meinem Laptop zieht. Wenn mir Dinge zu übermächtig werden, wenn es eng wird in mir und ich mir nicht helfen kann, muss ich schreiben. Ich muss es ablegen beziehungsweise ich muss sie ablegen, meine Last.

Ich habe sie alle losgelassen und mich bemüht, es zu schaffen. Jetzt will ich nicht eingeholt werden von den Ereignissen, vielleicht auch symbolisch nicht.

Der Wert dieser Beziehungen ist weg. Am Gang bei meiner Schwiegermutter vorbeizugehen, das kann ich. Sie grüßen vermutlich auch.

Auf die Geburtstagsfeier Ende Dezember zu meinem Schwager vom Ort zu gehen (WhatsApp-Nachricht nach dem Brüder-Treffen), fällt mir bereits schwer. Ich gehe, weil ich es meinem Mann zuliebe mache. Er tut alles für mich, ich liebe ihn und ich will ihm seine Brüder nicht komplett entfremden.

Zu Mittag sind wir bei unserem Ältesten und unserer Schwiegertochter eingeladen. Mit dem mitgebrachten Geschenk mache ich ihr eine Freude. Sie kocht wieder ausgezeichnet.

Gebratene Auberginen mit Buchweizenfülle, Sauerrahm-Joghurtdip und einen Beeren-Bananenkuchen ohne Zucker.

Danach gehe ich meine Runde. Es macht mir echt nicht jeden Tag Spaß, aber ich bin konsequent. Es ist sehr kalt und auf den Gehsteigen sehr eisig. Ich könnte mir nicht vorstellen auszurutschen oder mich auch nur zu verreißen.

Heute sind die messerscharfen Stiche im Wundbereich besser. Ich merke, dass an drei Stellen auf meiner Narbe die Fäden leicht herausragen, und an der Stelle, wo die Drainage aus meinem Körper ging, steht ein Faden mit Wundkruste ab. Ich könnte ununterbrochen daran herummachen.

Morgen gehe ich zur Physiotherapie und ich bin froh über den Termin, da ich so steif werde und meine Schulter, meinen rechten Arm nicht weit hochheben kann.

Außerdem kann die Therapeutin mir vielleicht helfen, das Spannungsgefühl meiner Narbe zu verbessern. Das merke ich bei so vielen Tätigkeiten, auch beim seitlichen Liegen in der Nacht.

Mein Mann hat Nachtdienst und ich freue mich morgen früh auf frisches Gebäck. Unser jüngerer Sohn kommt gleich nach Hause. Er war dieses Wochenende auf der Motorshow in Essen. Er ist eben motorsportbegeistert.

Hoffentlich klappt morgen auch die Sache mit dem Zimmer.

Donnerstag 7. Dezember

Sie heißt Ingrid. Ingrid ist die neue Zimmernachbarin meiner Mutter. Ich bin so froh.

Diese Woche war ich bei der Physiotherapie. Ich kann meinen rechten Arm einfach nicht hochheben. Es klemmt und die Narbe spannt.

Sie hat mir erklärt, dass mein Problem nicht nur die Schulter ist, sondern der Brustmuskel. Bei meiner OP wurde mir dadurch, dass meine Tumore über der Brustwarze lagen, auch der kleine Brustmuskel oder zumindest ein Teil davon entfernt. Nun, da ich es weiß, sehe ich es auch an meinem Körper.

Warum mir das im Krankenhaus niemand sagt, verstehe ich nicht. Heißt es dies automatisch, wenn sie einem sagen, man operiert im gesunden Gewebe? Keine Ahnung. Manchmal möchte ich einfach, dass nicht alles vorausgesetzt wird und einem gesagt wird, was zu tun ist, wenn die operierte Seite solche Spannungsgefühle macht.

Ich bekomme Übungen, die meine Bewegungsfreiheit wieder zurückbringen sollen. Ihr fällt auch sofort auf, dass meine rechte Schulter höher liegt als die linke. Meinen Nacken-/Schulterbereich bezeichnet sie als total verhärtet.

Sagt nicht ein Sprichwort: Die Last, die auf meinen Schultern liegt? Ja, ich habe dieses Jahr wirklich viele Lasten mit mir herumgetragen und bin eigentlich seit März nie zur inneren Ruhe gekommen.

Der verdrehte Wirbelkörper, den mir ein Physiotherapeut im März verursacht hat. Die Schmerzen danach. Die Sache mit meiner Mutter und meine Krebserkrankung haben im heurigen Jahr eben auch Spuren hinterlassen. Sichtbare im Nacken, nicht sichtbare auf der Seele.

Dabei war ich, mein Körper, meine Seele, einfach ich als Ganzes immer im Einklang mit mir selbst.

Jetzt merke ich deutlicher als je zuvor, dass mir die meisten Menschen in meinem Umkreis guttun und nur sehr wenige nicht.

11. Dezember

Nur wer Geschichten erzählen kann, hat gelebt. Wer sie erzählt, lässt sie los.

Diesen Satz habe ich vor ein paar Tagen gelesen und er entspricht mir.

Heute bin ich wieder ganz allein zu Hause und ich habe bereits am Morgen beim Frühstück einen Entschluss gefasst. Ich muss mich wieder zusammenreißen. Ich bin es und nur ich, die wieder etwas ändern kann.

Zurzeit bin ich in einem seelischen Graben. Ich habe die letzten Monate viel geschafft und trotzdem hat meine Psyche nicht ganz mitgehalten. Jetzt muss ich mich um sie kümmern und da ich das Ganze doch nicht so allein schaffe, hole ich mir Hilfe.

Ich will nicht immer heulen und schon gar nicht bei den Menschen, die immer gut zu mir sind. Könnte man mich jetzt sehen, würde man sehen, dass sich meine Augen bereits bei diesem Satz mit Tränen füllen.

Vor wenigen Minuten habe ich bei meiner Frauenärztin angerufen und die Sprechstundenhilfe um einen Termin bei der Ärztin gebeten.

Meine Regel kommt schon wieder nicht mehr. Ich brauche Antworten. Warum? Warum heule ich so viel, sind dies die ersten Reaktionen auf meine Tabletten, ich will die Langzeitfolgen wissen und, und, und.

Auch bei diesem Gespräch heule ich, einfach, weil ich immer heule. Morgen darf ich kommen.

Ich fühle mich gerade gut, da ich für mich wieder einen Schritt aus der Ungewissheit gemacht habe. Da klingelt mein Handy und eine mir unbekannte Nummer ist auf dem Display zu sehen. Als ich abhebe, meldet sich die Psychologin von der Krebshilfe.

Ich habe mich letzten Donnerstag durchgerungen, sie anzurufen, da ich eine Hilfestellung für diese Geburtstagsfeier brauchte. „Hingehen ohne Reue" oder so ähnlich.

Mittlerweile hat sich auch in dieser Verwandtschaftsgeschichte einiges geändert. Nicht zum Guten für uns. Mein Schwager schickte am Wochenende eine WhatsApp-Nachricht. Einladung an alle Rocker und Rockerinnen, rock on usw. Der Schwager schreibt darauf Yeahhhhhh.

Vermutlich lädt er nicht nur seine zwei Schwager und Schwägerinnen und ein befreundetes Paar ein, wie all die Jahre zuvor, sondern mehrere Menschen.

Also keine Gesprächsatmosphäre und kein Redebedarf auf der anderen Seite.

Mein Mann schreibt ihnen, dass wir dazu nicht aufgelegt sind und sie anscheinend unsere Gesamtsituation nicht wirklich verstehen.

Darauf folgt nichts mehr. Gar nichts mehr von keinem Bruder, von keiner Schwägerin.

Wir werden vermutlich nie erfahren, was dahintersteckt, aber es erklärt, warum sie auch der Schwiegermutter nicht ins Gewissen reden. Kann man jemanden aus seiner Familie einfach ausstoßen ohne Streit und Missverständnisse zuvor?

Ja, kann man, wie man sieht. Vielleicht hilft uns die Psychologin, dass wir aus dieser Sache ohne „Schaden" herauskommen. Ich rede darüber, aber mein Mann nicht mehr. Ich weiß, sie tun ihm unendlich weh, wenn er es auch einfach so wegsteckt. Ich will, dass es auch ihm gut geht.

Trotzdem sollen bei diesem Gespräch ich und mein Umgang mit meiner Krankheit im Vordergrund stehen.

Auch von ihr bekomme ich einen Termin. Diese Woche, falls jemand ausfällt, ansonsten nächste Woche sicher.

Viel geschafft für mich, denn ich bin zurzeit sehr antriebslos und lustlos. Den Termin morgen werde ich mit dem Besuch im Sanitätshaus verbinden.

Bis jetzt habe ich die Verordnung für meinen BH noch nicht eingelöst. Bis jetzt laufe ich ohne herum.

Die Frau mit ihrem lavendellilafarbenen Pullover beim letzten Besuch in der Brustambulanz hat mir Mut gemacht. Man muss nichts kaschieren, man kann auch dazu stehen, und die Größe meines zweiten Busens macht mir das möglich.

Mein Sohn drückt es deutlicher aus und bringt mich, so direkt wie er ist, zum Lachen und nimmt mich gleich danach in seine muskulösen Arme, da er weiß, dass ich gleich darauf weine. Er meint: Man sieht sowieso auf beiden Seiten fast nichts.

Ich habe ihn einmal getragen, diesen BH, diese Erstversorger-Prothese, aber er ist mir irgendwie viel zu eng um die Mitte und er tut mir auch nicht gut im Achselbereich.

Also laufe ich in einem weiten Langarmshirt meines Sohnes herum, das er mir auf Zeit geliehen hat, und trage dazu Jeans. Dazu verschiedene Tücher mit meiner neuen Knotentechnik (Schal halbieren, nur eine Seite durchstecken und die zweite Seite über die fehlende Brust hängen lassen).

Auch mein ärmelloses Teil für darüber hat Hochsaison. Es sieht schick aus, wie alles von Marco Polo, und ist warm durch die leichte Daunenfütterung.

Gestern Abend habe ich mir zwei dieser T-Shirts online gekauft. Ich war nie eine große Shopping Queen, aber seit meiner Krankheit mag ich nicht wirklich außer Haus und einkaufen schon gar nicht.

Früher trug ich eher enge Oberteile, da ich mir dies figürlich gut leisten konnte.

Jetzt stehe ich eher auf Sachen, die mich bei der Achsel nicht einengen und etwas weiter sind. Kurz, ich habe mir nicht wie sonst ein Oberteil in Größe XS oder S für Mädchen gekauft, wie es bei Hollister auf der Onlineseite heißt, sondern ein Langarmshirt für Jungs Größe M.

Ruhig ist es bei mir im Haus. Manchmal mag ich es ruhig, aber ich mag es auch, wenn meine Freundin aus der Arbeit hereinschneit und mir Verständnis und gute Laune zugleich mitbringt.

Anscheinend besucht sie mich die nächsten Tage einmal mit meiner Leiterin. Die Mutter meiner Kollegin/Leiterin kann unendlich gut backen und von ihren Keksen kann man nur träumen. Vor ein paar Tagen hat sie mir ein Bild geschickt. So muss eine Küche zur Vorweihnachtszeit aussehen. Eine etwa siebzigjährige, elegante Dame mit Perlenkette vor lauter vollgefüllten Keksdosen der verschiedensten Arten. Eine wahre Augenweide und für mich hat sie auch welche.

Darauf freue ich mich. Obwohl ich weitgehend auf Süßes verzichte, werde ich mir fast andächtig von jeder Sorte einen Keks herausgeben und sie in eine Reihe legen. Danach werde ich sie mit Genuss alle auf einmal, ganz langsam und andächtig, essen.

Den Rest bekommen meine Lieben am Weihnachtsabend.

Kekse backen war noch nie meins. Obwohl ich eine gute Köchin bin und auch gut backen kann, Kekse sind die Ausnahme.

Gerne verändere ich Kleinigkeiten, Zutaten, weil sie mir hochwertiger vorkommen, wie zum Beispiel Butter statt Margarine. Das Ergebnis war bei meinen Keksen beachtlich. Ich sehe heute noch, wie sich die Kekse damals auf dem Blech Platz machten und am Ende aussahen wie ein Blechkuchen.

Oder meine Marzipankekse, ein Spritzgebäck, dessen Masse nur mein Mann mit Mühe und Not aus dem Tupperware-Sack herausbrachte. Einen Teil zumindest, denn dann platzte er, und den Rest vom Teig kratzte ich aus dem Sack und setzte ihn in Häufchen aufs Backpapier. Auch den Teig, der noch in der Schüssel war.

Toll fand ich auch die Vanillekipferl aus hauseigener Produktion. Ich liebe sie und da fiel mir ein Rezept einer Köchin in einer Zeitschrift in den Blick. Ein Vanillekipferlrezept mit Backpulver, das probierte ich aus. Mensch, Maier, wenn sie von einem Profi sind, müssen sie doch gelingen.

Der Teig ließ sich gut verarbeiten und im Rohr wurden sie wunderschön groß und hoch durch das Backpulver. Ich war begeistert. Ich war auch noch begeistert, als keiner der Kekse brach, als ich sie in der Vanillezucker-Zuckermischung wendete.

Ein, zwei Tage danach begann ich zu naschen und probierte meine ersten Kipferl. Ich war nur froh, dass ich sie probierte, denn meinem Mann wäre bestimmt eine Zahnfüllung herausgebrochen. Sie waren steinhart. Sie wurden auch nicht weicher, nachdem ich einen Apfel dazugelegt hatte. Den Tipp hatte ich von meiner Mutter.

Sie blieben betonhart und wurden nicht weicher. Zu der Zeit hatten meine Eltern noch Schafe. Ich wollte ihnen die Kekse nach den Feiertagen geben, aber der Schafbock drehte nur seine Oberlippe hoch, wie sonst, wenn ein weibliches Schaf zur Begattung bereit war, und drehte sich um.

So viel zu meinen Keksen.

Vor ein, zwei Jahren brachte mir meine Freundin aus Kindertagen drei Rezepte und meinte streng zu mir: Die machst du genau so, wie es draufsteht.

Das tat ich dann auch. Die ersten waren Linzer Kekse und sie wurden echt schön.

Da ich sie noch ganz fertig machen wollte, bevor mein Mann nach 19:00 Uhr nach Hause kam, legte ich einen Zahn zu. In die Marmelade zum Zusammenkleben gehört ein Schuss Rum, so stand es zumindest auf dem Rezept, an dem ich mich genauestens zu orientieren hatte.

Ich sehe sie noch heute leicht wackeln, die Rumflasche, als ich sie mit etwas mehr Schwung zurück in das unterste Regal meiner Speisekammer stellte. Sie verzieh mir das Bisschen mehr nicht und fiel auf den Fliesenboden meiner Speisekammer.

Scherben und Rum im wilden Durcheinander am Boden. Ich rettete schnell, was am Boden stand, darunter auch die drei Sechserträger Bier.

Ich ärgerte mich sehr, blieb aber ruhig und holte mir einen Kübel heißes Wasser und ein Tuch zum Aufwischen. Ich bleibe in solchen Situationen wirklich ruhig, obwohl ich mich ordentlich über meine Blödheit und Schusselei ärgere.

Kaum war der Boden trocken, begann ich wieder mit dem Einräumen. Ich packte den ersten Sechserträger Bier, hob ihn hoch und alle vier vollen Flaschen sausten von unten durch den vom Rum aufgeweichten Boden.

Noch mehr Scherben, diesmal stank es nach Bier in meiner Speisekammer beziehungsweise nach Rum und Bier, denn den Rum roch man auch noch.

Ich hatte nicht gehört, dass mein Mann inzwischen heimgekommen war und hinter mir stand. Er fragte nur: Kann ich helfen oder soll ich dich allein lassen?

Ich wollte allein sein, ganz allein.

Jetzt versteht wohl jeder, dass ich Kekse backen und das ganze Drumherum nicht leiden kann.

Auch meine Mutter backt nicht wirklich gerne. Gute Kekse zu bekommen, ist für mich etwas ganz Besonderes.

Meine Männer bekommen sie, darüber bin ich froh, meistens in der Arbeit, denn dort gibt es Damen, die das Handwerk besser beherrschen und womöglich noch Spaß dabei haben.

14. Dezember

Die letzten Tage waren gute Tage. Vor zwei Tagen war der Termin bei meiner Frauenärztin und mein Mann und ich fuhren bereits so gegen 11:00 Uhr von zu Hause los. Wir aßen ein Nudelgericht beim Chinesen. Darauf hatte ich mich seit dem letzten Besuch gefreut.

Sie waren so nett damals, als wir kurz vor 14:30 Uhr ins Lokal kamen, halb verhungert nach dem Vormittag im Krankenhaus.

Ich brauche nicht zu überlegen, welches Datum es war, ich weiß es sofort, es war der 4. Oktober, der Tag, an dem ich die erste Stechbiopsie hinter mich gebracht hatte.

Wir saßen am Fenster und die Sonne schien warm herein. Ich spüre sie noch, die Wärme, und wie angenehm ich sie damals empfunden habe.

Mehr als zwei Monate sind seither vergangen und ich wollte sie noch einmal genießen, diese gebratenen Nudeln. Dazu trank ich grünen Tee.

Danach machten wir kurz einen Lebensmitteleinkauf und ich schaute im Sanitätshaus vorbei. Ich brauche einen BH, so steht es zumindest auf dem Verordnungsschein, und einen Bikini auch.

Einen Bikini oder Badeanzug brauche ich wirklich, denn ich rechne jeden Tag mit einem Schreiben von einer Reha-Anstalt.

Es wird mir empfohlen, mit dem BH noch zu warten, da meine Wunde/Narbe noch zu frisch ist und mich sozusagen jedes Oberteil noch zu sehr stören würde.

Er soll ja dann passen, schließlich bekommt man nur alle zwei Jahre einen BH mit Prothese.

Die Auswahl erschreckt mich ein wenig. Ein einziger Bikini mit drei Höschen-Größen steht zur Auswahl. Badeanzüge gibt es etwas mehr. Ich bin kein Badeanzug-Typ, da friert mich am Bauch. Es gibt nur einen, da im Winter nicht Saison ist. Auch irgendwie komisch, denn Leute werden doch zu jeder Jahreszeit krank, da muss man doch gewappnet sein. Am liebsten würde ich sofort Bademoden für Brustkrebs-Patientinnen kreieren. BHs gibt es viele. Ich werde angerufen, wenn die ausgewählten Teile in der Filiale sind.

Danach geht es zu meiner Frauenärztin.

Wir müssen kurz im Warteraum Platz nehmen und auch hier überholen uns die Erinnerungen. Die gelben und türkisfarbigen Sessel, auf denen wir damals Platz genommen haben. Auch dieses Datum weiß ich, ohne zu überlegen. Es war einer der schrecklichsten Tage in meinem, in unserem Leben.

Es war der Tag der Sonographie, der Mammographie. Der Tag, an dem ich während der Mammographie zusammengebrochen bin. Tumorös.

Danach der Anruf meiner Ärztin.

Da saßen wir auf den beiden Sesseln, die wir beim heutigen Besuch anstarren. Ich vermutlich mehr als mein Mann. Ich weiß, er denkt jetzt nicht so viel wie ich. Ihm gefallen die winzigen Füßchen der Babys auf den Broschüren, die im Regal zu sehen sind. Ich glaube, er freut sich schon, Opa zu werden. Nicht unrealistisch, denn in nicht einmal einem Jahr heiratet unser Sohn.

Mein Mann wird der beste Opa, den man sich vorstellen kann, das weiß ich bereits jetzt.

Er ist auch der beste Vater für unsere Kinder, den man sich vorstellen kann.

Mich holt die Vergangenheit ein, während ich hier bei der Frauenärztin sitze. Wie vielen Frauen wurde in dem Raum seither eine solche Diagnose gestellt? Keine Ahnung! Ich habe ihn in Linz gelassen, meinen Krebs. Ich habe auch meine rechte Brust in Linz gelassen.

„Skorpion ohne Krebs", und damit es so bleibt, nehme ich mein Medikament, lebe gesund und genau darüber muss ich mit meiner Frauenärztin reden. Um positiv denken zu können, um nicht eine übermächtige Angst vor den Tabletten und den Nebenwirkungen zu bekommen, muss ich mit ihr sprechen.

Dann sind wir dran. Sie bittet uns herein und ich erkläre ihr, dass ich meinen Mann noch einmal dabeihaben möchte. Kein Problem für sie, ganz im Gegenteil. Er hört nämlich immer alles viel positiver als ich und wenn ich ihn danach bitte, alles Gehörte noch ein-, zweimal zu wiederholen, verstärkt sich bei mir dieses positive Denken und das tut mir gut.

Sie nimmt sich Zeit. Sie beruhigt mich. Bei der wieder ausbleibenden Regel soll ich mir jetzt nichts denken. Sie spricht mit mir über die Nebenwirkungen und was zu tun wäre, wenn sie sehr stark werden würden.

Komplementär Medizin wäre hier das Richtige. Maßnahmen wie bei anderen Frauen mit Wechselbeschwerden fallen bei mir weg, da ich Antihormone zu mir nehme.

Meine „Heulerei" und auch das Ausbleiben meiner Tage können aber auch Folgeerscheinungen sein von der OP und dem Nervenstress. Er hat viel durchgemacht, mein Körper, die letzten Wochen.

Sie nennt mein Medikament ein bewährtes Medikament, das schon lange auf dem Markt ist und gute Erfolge erzielt. Gute Erfolge heißt hier, dass er nicht wiederkommt, der Krebs. Außerdem verschreibt sie mir Vitamin D3.

Sie beruhigt mich wirklich, macht mir Mut, positiver zu denken, und Angst – Angst muss doch irgendwie jeder haben.

Keiner weiß, was in einem schlummert. Angst ist einfach etwas dem Menschen Ureigenes und ich bin doch jetzt wirklich mehr als untersucht worden in der letzten Zeit.

Sie schaut sich meine Narbe an. Sie zwickt den herausstehenden Faden nicht ab. Der fällt ab, wenn es Zeit ist.

Sie meint auch noch, die Zeit bis zu meinem Reha-Aufenthalt soll ich noch nicht arbeiten gehen, falls dies mit meinem Arbeitgeber möglich ist.

Ich habe den besten Arbeitgeber, den man sich denken kann. Darüber bin ich froh und ich schätze es auch wirklich. Aber es wird einem in der Krankheit noch bewusster als sonst.

Ich verlasse die Ordination anders. Ich bin beruhigter und sehe nicht nur die Nebenwirkungen. Ich sehe ab jetzt das Gute in ihnen. Die Tablette hilft mir auf meinem Weg, wieder einmal ganz gesund zu werden. Krebsfrei zu bleiben, zu werden, wie auch immer.
Sie hilft mir, dass ich weiterleben darf.

Kurz nachdem wir wieder zu Hause sind, besucht mich meine Freundin aus der Arbeit. Von allen meinen Arbeitskolleginnen bekomme ich schöne Grüße und von ihr noch eine Riesenladung Smoothies, da sie gemerkt hat bei ihrem letzten Besuch bei mir, die schmecken auch meinem Mann und meinem Sohn.
Und sie hat noch etwas mit. Ja, da sind sie wirklich.
Meine Leiterin hat einen schönen Glasteller ausgesucht, der zu den Farben meiner neuen Küche passt, aber davon ist derzeit kaum etwas zu sehen.
Der Grund ist, der Teller ist voll mit den wunderschönsten Weihnachtskeksen ihrer Mutter. Noch nie in meinen fünfzig Jahren habe ich so viele und so schöne Kekse vorerst für mich allein bekommen. Ich freue mich echt.
Danach quatschen wir. Ich lege mich aufs Wohnzimmersofa, da ich merke, dass ich vorher unterwegs war. Sie setzt sich zu mir. Ich bin aber auch irgendwie innerlich aufgekratzt, froh und erleichtert.

Dezember 2017

Es wird ein schöner Abend. Später fährt mein Mann zur Weihnachtsfeier. Wir reden noch ein wenig, bis auch sie nach Hause fährt.

Jetzt kommt er, der Augenblick, auf den ich mich auch schon gefreut habe. Ich lege von jeder Kekssorte eines in einer Reihe auf den Küchentisch, wie ich es mir vorgenommen habe, und beginne zu essen. Nein, viel zu wenig gefühlvoll. Ich lasse sie in meinem Mund zerschmelzen. Die einzelnen Komponenten auf der Zunge zergehen. Danach schicke ich ihr ein Foto von der Keksreihe via WhatsApp und bedanke mich bei ihr und ihrer Mutter.

Eine Nacht später kommt meine Mutter aus dem Krankenhaus nach Hause. Viel Zeit ist vergangen seit diesem 7. November, als ich sie mit unserem Sohn ins Krankenhaus gebracht habe.

Auf diesen Tag haben wir uns gefreut. Beide operiert und beide wieder zu Hause. Beide alles gut überstanden, dank unserer Ärzte und dem ganzen Team dahinter.

Mein Mann muss wieder zur Arbeit. Ich rede noch eine Weile mit ihr. Zu Mittag mache ich Palatschinken. Die hat sie sich gewünscht, das habe ich in einem der letzten Gespräche herausgehört. Omeletten, wie wir hier sagen, mit selbst gemachter Marillen- oder Erdbeermarmelade.

Sie würde mich nie darum bitten, aber das kann ich schon wieder. Danach bleibt jeder in seinem Reich. Zu ihr kommt später ein netter Bekannter und ich gehe meine Sportrunde und verbringe den Tag mit meinen Aufgaben.

Unser Großer mit seiner Verlobten schaut noch vorbei. Sie bringt uns Essen für morgen. Sie ist echt ein Schatz. Mein Großer auch.

Am Abend rufe ich kurz meine Mutter an. Sie schafft alles, meint sie. Das Telefon lag wie sonst auch öfter die Nacht über im Schlafzimmer. Es hat nie geläutet, also alles okay.

Mein Mann hat Dienst. Meine Mutter und ich essen gemeinsam zu Mittag, ansonsten ist jeder in seinem Reich. Zwei Häuser nebeneinander. Sie versucht mich zu schonen und kann sozusagen alles selbst. Nur ein paar Wäschestücke werfe ich für sie in die Waschmaschine.

Meine Freundin aus Kindertagen meldet sich für nächste Woche an, meine Freundin aus Braunau meldet sich telefonisch und mit der

Bekannten, die mich im Krankenhaus so überrascht hat, telefoniere ich auch. Gemeinsame Freunde melden sich bei meinem Mann und fragen nach mir, nach uns.

Vor drei Tagen hat sich der Schwager vom Ort bei meinem Mann gemeldet, was die WhatsApp soll. Sie wollen mit uns reden. Ich bin dabei. Entweder es wird besser oder keine Ahnung, ob es auch noch schlechter werden kann.

Vermutlich.

Wir treffen uns morgen in einer Woche. Schwager und Schwägerin weiter weg können nicht zu dem Treffen kommen. Egal, wir nehmen es so, wie es ist.

Ich möchte nächste Woche mit der Psychologin darüber reden. Ich will es richtig machen, das Gespräch, wie halt immer alles. Ich will nicht anklagen, nicht verurteilen, aber auch nicht unglücklich aus dem Ganzen herausgehen.

Ich/wir haben uns bis jetzt nichts vorzuwerfen und das wollen wir auch nach dem Treffen sagen können. Vielleicht kann sie uns helfen.

Manchmal denke ich mir: Was geht in meiner Schwiegermutter vor? Es ist Advent, bald kommt Weihnachten, das Fest der Liebe und Familie, und sie hat einfach einen ihrer drei Söhne von einem Tag auf den anderen für nicht mehr vorhanden erklärt. Einfach eine ihrer drei Schwiegertöchter mit den Worten „Die mag ich nicht mehr" gestempelt und einfach zwei ihrer sechs Enkel bewusst vergessen.

Wie kann man so sein, wenn man sich immer gut verstanden hat, wenn man einen Tag zuvor noch beim Enkel zur Geburtstagsfeier eingeladen war? Wenn einem der Sohn nach dem Tod des Vaters noch die Behördengänge abgenommen hat und bei der Auswahl eines neuen Autos alles gemacht hat?

Wie kann man so sein, dass man seine Schwiegertochter, drei Tage nachdem sie die Diagnose Brustkrebs erhält, in ihrer schwersten Zeit so im Stich lässt? Wie kann man nur so sein?

Wie kann man als Geschwister nur so sein, dass man seiner Mutter nicht ins Gewissen redet?

Die letzten Tage waren sehr schöne Tage, aber auch ein wenig anstrengend für mich, da ich es sofort merke, wenn mehr los ist und ich weniger zum Liegen und rasten komme.

Dabei habe ich gar keine Leistung. Ich bin es, die bekocht oder besucht wird – und trotzdem.

Am Wochenende waren mein Mann und ich bei meiner Freundin aus der Arbeit eingeladen. Die erste Einladung seit meiner OP, wenn man die Essenseinladungen bei unserem Sohn und unserer Schwiegertochter nicht mitrechnet. Es war echt schön und unbeschwert. Sie hat uns mit Frittatensuppe, Tafelspitz mit Semmelkren, Kartoffelröster und Gemüse bekocht. Als Nachspeise gab es Eispalatschinken. Ich hatte ein schlechtes Gewissen, so viel „Verbotenes" habe ich gegessen. Ich habe richtig gesündigt. Aber es war, wie sie meinte, keine Sünde und da hat sie recht. Es war mein Genusstag für diesen Monat. Es ist gar nicht so leicht mit dem Essen. Man hört so viele verschiedene Meinungen. Hilft nun eine bewusstere (bei mir noch bewusstere) Ernährung bei Krebspatienten oder nicht? Hilft es mir, wenn ich von verschiedenen Lebensmitteln mehr konsumiere wie z. B. Olivenöl, Kohlgemüse, Beerenfrüchte, Nüsse usw. und Wurst weglasse und Fleisch nur mäßig esse? Ich weiß es einfach nicht.

Man möchte daran glauben und man braucht auch für sich selbst einen Beitrag, den man zum Gesundwerden zusätzlich leisten kann. Man bräuchte einfach ehrliche, unabhängige Forschungsergebnisse.

Die Bücher, die ich gerade lese, sind voll von „guten" Lebensmitteln, die mir zusätzlich helfen.

Es gibt aber auch viele Dinge, die mich zum Nachdenken bringen. Ich glaube einfach, ich will noch viel mehr wissen, ich muss noch viel mehr lesen und erfahren, um meinen eigenen Weg zu finden.

Einen Tag später besuchen uns unsere Freunde aus dem Mühlviertel. Für mich war es einfacher, dass sie uns besuchen, da die längere Fahrzeit für mich wegfällt. Die Mehlspeise holen wir uns beim Konditor im Ort und zur Jause gibt es Frankfurter und Debreziner mit Senf und Gebäck. Also null Arbeit für mich. Trotzdem setzen wir uns nach einer gewissen Zeit ins Wohnzimmer, denn dort kann ich mich flach auf das Sofa legen, was mir einfach guttut. Zumindest viel besser als länger zu sitzen. Unsere Freunde und mein Mann sitzen in einem kleinen Halbkreis neben mir und wir plaudern.

Dieses Wochenende tut nicht nur mir gut, sondern auch ganz besonders meinem Mann. Er braucht sie wirklich, diese Unbeschwertheit und das Gespräch mit Freunden – männlichen Freunden. Zu mir kamen in letzter Zeit meine Freundinnen, auch er braucht seine Gesprächspartner, Freunde einfach, auf die man zählen kann, wenn die eigene Verwandtschaft ausfällt.

Es gefällt mir, wenn ich ihn so dasitzen sehe und sehe, dass es ihm gut geht.

Einen ganz wichtigen Termin hatte ich übrigens auch noch. Den Termin bei der Physiotherapeutin. Sie war mit meinen Fortschritten sehr zufrieden und hat mir neue Übungen gezeigt. Sowohl für meine Schulter als auch für meinen verspannten Rücken-, Schulter- und Nackenbereich.

Sie kümmert sich auch um die Narbe und ich fühle mich bei ihr richtig gut aufgehoben und bin froh, dass ich sie kennenlernen durfte. Man merkt an ihren Worten: Sie kennt sich aus und sie weiß, was sie tut. Es ist ein eigenartiges Gefühl, wenn einem jemand die Narbe auseinanderzieht, wo man doch gerade froh ist, dass alles wieder zusammenhält und zusammengeheilt ist.

Da ich noch sehr gefühllos bin in diesem Bereich, fühlt es sich sehr besonders an, wenn mich jemand anderer in diesem Bereich berührt. Man ist sich nicht sicher, ob man das selbst ist. Wie früher bei der Schwangerschaft.

Es ist wie diese ersten Berührungen des Babys von innen. Besser kann ich dieses Gefühl nicht beschreiben.

Diesmal nimmt sie auch bereits eine Salbe. In den letzten Tagen ist das letzte Stück Faden, das immer noch aus der Narbe ragte, abgefallen.

Man sagte mir vorher immer, wenn es an der Zeit ist, geht auch das letzte Stückchen Faden ab. Nun war es an der Zeit. Für mich ein symbolischer Akt. Ich stand im Badezimmer und fuhr mit meinen Fingern und etwas Olivenöl über die Narbe. Man merkt, wie hart es unter der Narbe ist. Sie braucht Zeit, so wie ich.

Dann hatte ich es zwischen den Fingern. Dieses kleine harte Stückchen Kruste mit den beiden kleinen Fadenstücken rechts und links.

Es wollte so sein, dass es nicht einfach achtlos zu Boden fiel. Es wollte so sein, dass ich es zwischen den Fingern zu spüren bekam, dieses letzte kleine Stück von meiner abgeheilten Narbe. Ich habe es in eine winzige Tupperdose gegeben und in meine Schatzkiste gelegt.

Nun kann ich über meine lange Narbe streichen, ohne dass mich etwas Störendes aufhält. Sie ist lang, noch rötlich und schön verheilt, sagte mir die Frauenärztin letzte Woche.

Ich werde nie den Augenblick vergessen, als ich im Krankenhaus unbewusst das erste Mal im Spiegel meine Wunde sah. Dieses Bild von mir im Spiegel, diese Ohnmacht.

Inzwischen ist schon wieder viel Zeit vergangen und ich habe gelernt, mein Spiegelbild, meine Narbe und mich als eine Einheit, als ein Ganzes zu sehen.

Trotzdem macht mich mein Anblick manchmal traurig. Warum ich? Meistens bin ich aber stolz auf mich, schon so viel geschafft zu haben. Wie viel ich bereits hinter mir habe, sehe ich auch an dem Blätterstapel meiner Geschichte. Von Zeit zu Zeit drucke ich die Seiten aus. Wie ich schon einmal erwähnt habe, will ich meine Geschichte besitzen. Ich will den Stapel Blätter sehen und sie nicht nur auf einem Stick gespeichert wissen.

Ich könnte diese Geschichte, meine Geschichte, nie mehr so erzählen, wie ich sie in jedem Augenblick des Erlebten erzählt habe.

86 Tage sind vergangen seit dem Besuch bei der Frauenärztin.

85 Tage sind vergangen, seit ich von einem Tumor in meiner rechten Brust erfahren habe.

72 Tage sind vergangen, seitdem ich weiß, dass mein Tumor bösartig ist.

58 Tage sind vergangen, seit ich weiß, dass es noch zwei weitere Tumore in meiner Brust gibt und ich sie verlieren werde.

Ich fange diese neue Seite ganz bewusst an. Sie symbolisiert einen Neuanfang.

43 Tage sind vergangen, seit der Krebs aus meinem Körper geschnitten wurde. Heute sind es 30 Tage, seit ich meine Antihormone zu mir nehme. Heute habe ich die letzte Tablette aus meiner ersten Schachtel genommen und ich weiß, es werden viele Schachteln werden. Es geht mir gut damit. Ich kenne keine nennenswerten Nebenwirkungen. Meine Tage sind seither nicht mehr gekommen. Fast möchte ich sagen: Es war einmal. Ob das wirklich so schnell geht? So schnell und so abrupt? Ich kann es mir nicht vorstellen.

Anfang der Woche schauen noch einmal meine Freundin aus der Arbeit und ihr Mann kurz vorbei. Sie braucht eine Unterschrift für das Weihnachtsbillett meiner Chefin. Trotzdem glaube ich, es war ein kleiner feiner Vorwand, denn sie hat natürlich schon wieder ein Geschenk für mich dabei. Auspacken darf ich erst am vierundzwanzigsten Dezember.

Ich stehe immer in ihrer Schuld. Zur Essenseinladung am Wochenende habe ich ihr ein sehr persönliches Dankeschön mitgebracht. Eine selbst getöpferte Obstschüssel.

Normalerweise verschenke ich Selbstgetöpfertes nicht. Es sind meine selbst angefertigten Unikate, die nur Familienmitglieder bekommen. Meine Freundin hat es sich aber verdient und sie hatte echt eine Freude damit.

Was sie bis jetzt noch nicht weiß ist, dass auch wir für sie noch ein Weihnachtsgeschenk haben. Ein Dankeschön zusammengefasst für alles.

Die Tochter meiner Freundin wohnt seit Kurzem zwei Häuserblöcke weiter. Ihr haben wir am Wochenende ein Kuvert für „unter den Christbaum" gegeben.

Darin eine Einladung für ein „Steiermark-Wochenende" für sie beide mit uns. Zweimal Übernachten mit Frühstück und eine gute Jause mit Getränken.

Davon haben sie schon einmal gesprochen und wir hoffen, ihnen damit eine große Freude bereiten zu können.

Die beiden kennen nämlich die ganze weite Welt, die Steiermark und ihre Gemütlichkeit aber noch nicht. Unsere früheren Steiermark-Reisen mit der Verwandtschaft waren immer schön. Mit ziemlicher Sicherheit gehören sie aber der Vergangenheit an.

Wir vier träumen immer von einer gemeinsamen Reise. Einer Reise durch einen Teil von Amerika. Seit unser Sohn heuer von seinem Amerikatrip zurückgekommen ist, habe ich eine große Sehnsucht nach den amerikanischen Nationalparks. Bei Sonnenuntergang und bei Sonnenaufgang das Panorama des Grand Canyon sehen, durch diese Weiten Amerikas fahren, Mammutbäume umarmen, das lässt mich schon träumen.

Es wird auch noch nicht gleich sein, denn ich brauche noch Zeit.

19. Dezember
Heute muss meine Mutter zu einer Kontrolluntersuchung ins Krankenhaus, da sie in zwei Tagen zur Reha fährt.

Mein Mann hat fünfzehn Stunden Dienst, unser Jüngster sehr viel Arbeit in der Firma und unser Ältester übersiedelt gerade in das neue Firmengebäude.

Ich habe es bereits versucht, das Autofahren. Vor circa zwei Wochen. Es war schrecklich. Allein den Startschlüssel zu drehen und beim Einlegen des Rückwärtsganges (drücken) hatte ich Probleme.

Bei der letzten Fahrt zur Physiotherapeutin habe ich es wieder versucht. Es ging besser.

Nun versuche ich, nach Gmunden zu fahren. Mein Mann stellt mir am Morgen das Auto aus der Garage vor die Haustür meiner Mutter und in Fahrtrichtung. Der Boden ist nämlich leicht mit Schnee bedeckt und keiner kann den anderen stützen. So muss sie nur aus der Haustür heraus und in das Auto steigen und ich muss umgekehrt nicht zurückfahren, was ich nicht kann, da ich mich nicht verdrehen will. Spiegelfahren ginge auch, aber darin bin ich nicht geübt.

So fahren wir. Ich bin froh, wenn ich die Handbremse nicht brauche, und schaffe es bis direkt vor das Krankenhaus. Dort lasse ich sie aussteigen und suche mir einen Parkplatz, ehe ich wieder zurück zum

Wartebereich gehe. Wir warten lange. Wir warten über zwei Stunden und ich ziehe bereits meine Runden im Gang, da ich das Sitzen auf diesen leicht nach hinten gewölbten Plastiksesseln nicht mehr aushalte. Es ist bereits 11:00 Uhr, als ihr Name aufgerufen wird. Drinnen beim Arzt geht es schnell und ihr nächster Kontrolltermin ist nach ihrem Reha-Aufenthalt.

Wir gehen noch in die Geriatrie und besuchen ihre letzte Zimmernachbarin, die gerade im Gang unterwegs ist und die sich mehr als freut. Sie küsst meine Mutter rechts und links und das immer wieder. Die beiden tauschen die Telefonnummern aus und der Oberarzt der Geriatrie ist überaus liebenswürdig zu meiner Mutter, als er sie sieht. Ich habe noch nie erlebt, dass ein Arzt so herzlich ist und eine Patientin in den Arm nimmt.

Danach muss sie wieder in der Lobby warten. Ich gehe zum Auto. Es ist kurz vor 11:30 Uhr, als wir beschließen, noch gemeinsam Mittagessen zu gehen. Das Gasthaus, das mir spontan einfällt, liegt auf dem Nachhauseweg und in unmittelbarer Nähe zum neuen Firmengebäude unseres älteren Sohnes, und auch die Firma unseres jüngeren Sohnes ist nicht weit entfernt, was noch wichtig werden würde.

Wir sind die ersten in der Gaststube. Wir nehmen Platz beim Tisch neben dem Kachelofen und bestellen uns beide eine warme Suppe und ein Lachsfilet.

Die Kerze am Tisch und auch all die anderen Kerzen im Raum, die wenig später angezündet werden, zaubern eine schöne vorweihnachtliche Stimmung.

Die Suppe ist heiß und gut, der Lachs ausgezeichnet. Beim Zahlen wird uns ein Teller mit Keksen hergestellt. Meine Mutter gibt etwas mehr Trinkgeld und so können wir ein wenig naschen, ohne uns unverschämt vorzukommen.

Danach setzen wir uns wieder ins Auto und wollen uns auf den Weg nach Hause machen, aber es gibt ein Problem. Ich drehe den Zündschlüssel einmal, zweimal, aber es rührt sich nichts. Ich zweifle natürlich sofort an mir und meiner Kraft.

Danach weiß ich momentan nicht, was ich denken soll, denn so eine Situation hatte ich noch nie. Ich versuche es noch einmal. Dieses Mal flackern ein paar Anzeigen am Armaturenbrett ganz leicht, aber das war es dann auch schon.

Ich beschließe, meinen Sohn in der neuen Firma anzurufen. Der meldet sich aber nicht. Der Nächste, den ich anrufe, ist mein Mann, der im Dienst ist und der mir erklärt, dass es vermutlich meine Batterie ist, die den Geist aufgegeben hat. Die letzte Nacht mit über acht Grad minus hat vermutlich das ihre dazu getan.

Super, denke ich mir. Es ist echt kalt und der Tag reicht mir jetzt schon. Also probiere ich es bei unserem zweiten Sohn. Er ist meine Rettung in diesem Moment, denn er arbeitet in einem Kfz-Betrieb in der Nähe.

Ich störe ihn genau während des Mittagessens, das merke ich beim Reden, trotzdem kommt er kurze Zeit später in einem Mercedes seiner Firma dahergefahren.

Er bestätigt den Verdacht meines Mannes. Ein kurzer Anruf bei seinem Freund und Kollegen und das große Notdienstfahrzeug der Firma steht hinter meinem kleinen Polo und haucht ihm wieder Leben ein.

Der Notdienst fährt wieder, ich will auch gerade wegfahren, als ich merke, die Lenkung ist unlenkbar, so schwer geht sie. In letzter Sekunde erwische ich noch meinen Sohn, sonst wäre auch er wieder weg gewesen.

Er merkt, dass die Servolenkung nicht funktioniert, durch die kraftlose Batterie. Im nächsten Augenblick ist mein Polo wieder abgestorben und tut gar nichts mehr.

Er schiebt ihn zurück in die Parklücke und wir steigen in den Mercedes um. Zweimal Türen aufmachen, zweimal Türen schließen. Mercedestüren sind so schwer, dass man sie in meinem Fall nicht allein leicht öffnen kann, und meine Mutter kann sich mit Schultergurt und angegurtet sowieso nicht helfen.

Wir tauschen bei der Firma den Mercedes gegen den kleinen roten Panda meiner Mutter, mit dem unser Jüngster derzeit zur Arbeit fährt, und überlassen das Schicksal meines Polos meinem Sohn.

Uns ist kalt und ich bin am Limit. Wir heizen den kleinen roten Flitzer auf vierundzwanzig Grad auf, in der Hoffnung, uns würde warm und er würde es aushalten, und machen uns auf den Nachhauseweg.

Zu Hause lege ich mich auf das Sofa und ziehe meine neue Schafwolldecke über mich. Endlich liegen, hoffentlich wird mir bald wärmer. Ich bin richtig am Ende.

Eine Stunde später kommt meine Freundin aus Kindertagen. Ich bleibe an diesem Nachmittag und bei meinem Besuch liegen. Sie ist meine Freundin und sie stört es nicht. Wir trinken Tee. Jede zwei große Tassen und wir reden.

Am nächsten Tag haben wir am späten Nachmittag den Termin bei der Psychologin. Wir warten eine Weile vor der Tür, bis sie uns empfängt. Sie ist blond und älter als die ganz junge Psychologin im Krankenhaus in Linz. Ich schätze sie auf Mitte vierzig.

Es dauert nicht lange, bis wir zum heutigen Hauptthema kommen. Das Verhalten der Verwandtschaft und das Treffen übermorgen. Auch sie als Psychologin hat einen Fall wie den meiner Schwiegermutter in ihrem ganzen Werdegang noch nie erlebt.

Situationen, in denen Personen momentan mit einer Krebsdiagnose naher Angehöriger nicht umgehen können schon, aber dass jemand sagt, die mag ich nicht mehr, keinen Grund nennt und sich die nächsten zweieinhalb Monate nicht mehr meldet, nicht.

Auch für das Verhalten der restlichen Verwandtschaft hat sie keine richtige Erklärung.

Uns hat dieses Gespräch gutgetan. Vor allem meinem Mann. Er war es auch, der einen Teil von dem loswerden konnte, was ihn noch immer sehr bedrückt.

Man merkt deutlich, ich habe sie losgelassen und meine Tränen leergeweint. Bei ihm sitzt es tief, dass ihn seine Mutter grundlos verstößt und seine Geschwister nicht zu ihm halten und nicht einmal vermitteln.

Wir vereinbaren einen neuen Termin im neuen Jahr.

Am nächsten Tag fahren mein Mann und ich meine Mutter nach Aspach zur Reha. Die Fahrzeit beträgt keine fünfundvierzig Minuten.

Die Anlage sieht sehr schön aus und meine Mutter bekommt ein Zimmer im vierten Stock mit einer achtzigjährigen Frau aus Pramet, einem Ort nicht unweit von unserem Heimatort.

Wir begleiten sie noch zum Pflegestützpunkt und zum Arzt. Bis sie alles erledigt hat und sich ein wenig zurechtfindet, hat sie schon ganz rote Wangen.

Gegen Mittag verabschieden wir uns von ihr und gehen im Ort noch zum Mittagessen. Danach kaufen wir in der nächsten größeren

Stadt noch Gemüse für das Weihnachts-Raclette. Den Nachmittag verbringen wir zu Hause.

22. Dezember
10:20 Uhr Hautarzt und 19:30 Uhr Treffen bei Schwager und Schwägerin steht heute im Kalender. Ich mag beides nicht, aber eines noch lieber.
    Ich fahre bis zur Dienststelle meines Mannes, danach fährt er zur Hautärztin. Sein roter Fleck auf der Nase, der plötzlich vor einiger Zeit entstanden ist, ist ungefährlich und bei mir ist mein Muttermal ungefährlich. Von meinen Zehennägeln schabt sie eine Probe ab.
    Nächster Termin Mitte Jänner.
    Mein Mann muss wieder in die Arbeit und ich könnte den ganzen Nachmittag verwünschen, da ich keine Lust habe auf das, was heute noch auf dem Programm steht.
    Keiner kann zum Beispiel einen losgelassenen Luftballon wieder fangen. Losgelassen ist losgelassen.

Um 19:15 Uhr kommt mein Mann. Wir wechseln noch ein paar Worte und fahren dann die paar Minuten zu meinem Schwager und meiner Schwägerin vor Ort. Gerade vor uns kommt meine Schwägerin fünf Tage. Mein Schwager kann nicht.
    Das Außenlicht fällt aus und wir gehen im Stockdunkeln die Außentreppe hinauf. Auch im Vorraum gibt es gerade kein Licht. Es gibt eben Zeichen. Ich will sie nicht wirklich sehen, ich kann sie nicht wirklich sehen.
    Sie fummeln gleich darauf am Zählerkasten herum, wir ziehen uns aus. Die nüchterne Stimme von Schwägerin fünf Tage begrüßt uns.
    Wir setzen uns zu fünft an den Tisch und mein Schwager, in diesem Fall der Hausherr, beginnt mit den Worten zu meinem Mann zu reden: Beim Brüdertreffen hast du begonnen, jetzt beginne ich zu reden.
    Gerne. Wir horchen. Sie finden es nicht richtig, was wir auf die Geburtstags- WhatsApp geantwortet haben, sie finden es nicht richtig, nicht zu erfahren, was ich habe, sie finden es nicht richtig …
    Als er fertig ist, übernehme ich das Wort. Ich zähle ihm auf, was er in den letzten zweieinhalb Monaten für mich gemacht hat. Da gibt es nicht wirklich viel.

Die erste WhatsApp an mich im Namen von ihm und meiner Schwägerin hat meine Schwägerin geschrieben. Es waren ihre Worte an mich. Er hat mir zum Geburtstag eine WhatsApp geschrieben und am selbst gebastelten Billett der Schwägerin unterschrieben.

Beim ersten Treffen im Supermarkt nach der OP hat er seine Lebenspartnerin neben mir gefragt, ob dies das richtige Lebkuchengewürz ist und nicht, wie es mir geht. Das war alles.

Er meinte: Wenn du meinst! Konnte aber nichts weiter anführen. Für seinen Bruder hat er auch nicht viel mehr getan. Gebeten, auf dem Laufenden gehalten zu werden. Bei der ersten Begegnung, nachdem wir ihnen von meiner Diagnose erzählt hatten, hat er beim Dienstsport nur gegrüßt und sich an den Nebentisch gesetzt.

Meiner Schwägerin sage ich sehr wohl, dass sie wirklich die Einzige der fünf Verwandtschaftsmitglieder ist, die sich wenigstens bemüht hat. Ich sage es ihr an diesem Abend sogar zweimal und bedanke mich noch einmal fürs Geburtstagsbillett und den getöpferten Engel.

Schwägerin weiter weg ist bis zu diesem Augenblick recht still gewesen. Nun richte ich mich an sie. Ein einziger Anruf von ihr. Es war ziemlich am Anfang, dass sie am Wochenende kommen wollten. Gekommen sind sie nicht, sie haben mich versetzt. Danach hob ich nicht mehr ab.

Mehr nicht in diesen Monaten, und ihr Mann schrieb eine WhatsApp nach fünf Tagen und einen Geburtstagsgruß um 21:28 Uhr an meinem fünfzigsten Geburtstag. Man hat mich so gut wie vergessen. Absichtlich oder nicht, mir war es schon egal.

Auch er schaffte es nicht, seinem Bruder zur Seite zu stehen, als der ganz am Anfang ihm am Telefon mitteilte, wie enttäuscht er vom Verhalten seiner Brüder ist. Sie waren sozusagen eingeschnappt.

Sie hätten sich deplatziert gefühlt, besonders als wir beschlossen haben, unseren Weg allein gehen zu wollen. Bei so viel Liebe und Verständnis leicht zu verstehen. Uns saß das Verhalten der Schwiegermutter natürlich im Nacken.

Wir reden fast zwei Stunden an diesem Abend. Meinem Mann sieht man leider an, wie verletzt er ist.

Er hat sich gewünscht, dass seine Brüder sich in Bezug auf seine Mutter anders verhalten. So, wie er es für jeden von ihnen getan hätte.

Wir erfahren an diesem Abend, dass meine Schwiegermutter anscheinend kein kaputtes Knie hat, wie sie immer behauptet – und auch kein Rheuma.

Derzeit lässt sie sich ihre Wohnung putzen, die Wäsche waschen, kochen und herumchauffieren. Er würde immer für seine Mutter da sein, behauptet mein Schwager.

Als wir aufstehen, um zu gehen, sind wir soweit, dass wir uns irgendwann wiedersehen würden. Meine Schwägerin vom Ort beginnt plötzlich herzzerreißend zu weinen und man merkt, dass ihr alles zu viel ist, was sie in den letzten Tagen zu leisten hatte.

An dieser Stelle sage ich es ihr zum zweiten Mal.

Wir sind gerade auf dem Weg zum Vorhaus, als mein Schwager zu meiner/seiner Schwägerin sagt: Kannst du noch schnell ein bisschen warten? Er will uns, zuerst verabschieden, um noch etwas mit der Schwägerin zu besprechen.

Diese ist einfach nicht ganz so durchdacht und sagt: Ich nehme dann am Fünfundzwanzigsten den Kartoffelsalat und die Kardinalschnitten mit.

Da ist es heraus, was er uns gern verheimlicht hätte. Sie setzen sich beinhart Weihnachten wie immer zusammen. Sie kochen, backen und tun alles, dass es der Schwiegermutter passt, und wir sind einfach aussortiert und im Innersten stört es sie gar nicht. Darum tut auch keiner etwas dagegen. Darum tut auch keiner etwas für uns.

Wie meinte die Psychologin: Vielleicht hat jemand einen Vorteil.

Egal. Wir sind zwei Stunden beisammengesessen und haben geglaubt, wie konnten wir nur glauben.

23. Dezember

Mein jüngster Sohn und ich holen meine Mutter von der Reha. Weihnachtsunterbrechung.

Mein Mann schaut am Nachmittag kurz vorbei. Er hat vierundzwanzig Stunden Dienst. Wieder einmal. Mein Großer und unsere Schwiegertochter schauen auch vorbei.

Es wird schon dunkel, als das Handy läutet. Eine ganz liebe Bekannte, die über Weihnachten ihre Mutter besucht, kündigt sich für einen kurzen Blitzbesuch an. Ich mag sie unheimlich gern.

Sie kommt wenige Minuten später, nimmt mich zur Begrüßung in den Arm und ich heule los. Derzeit ein untrügliches Zeichen, dass ich jemanden sehr mag.

Wir reden über alles. Über meine Krankheit, über meine Verwandtschaft.

Ich merke, wie mich der gestrige Abend wieder nach hinten katapultiert hat. Wie dünn meine seelische Narbe ist. Ich habe sie siebenundzwanzig Jahre gern gehabt, meine Schwiegermutter. Jetzt mag ich sie nicht mehr.

Vom gestrigen Abend bin ich sehr enttäuscht.

Es tut mir gut, mit ihr zu reden. Über die Tabletten, die Ernährung und so vieles.

Auch ihrer Großmutter hat man damals eine Brust entfernt, erzählt sie mir. Sie war damals fünfundfünfzig. Sie ist neunzig Jahre geworden.

So etwas höre ich gern. So etwas tut mir gut.

Es ist 23:40 Uhr, zwanzig Minuten vor Mitternacht. Ich könnte einfach immer so weiterschreiben. Es ist, es war mir ein Bedürfnis, das zuletzt Erlebte noch aufzuschreiben, abzulegen, loszulassen.

Morgen ist Weihnachten. Ich muss an mich denken, noch viel mehr an mich und nicht immer an andere, sagt meine Freundin und Nachbarin.

Sie hat recht. Ich muss an mich denken, um wieder ganz gesund zu werden.

Morgen ist Weihnachten. Ich will nur mehr über Schönes berichten.

Weihnachten ist heuer bei uns anders.

Der Vormittag des vierundzwanzigsten Dezember beginnt damit, dass wir am Friedhof bei meinem Vater und meinem Schwiegervater eine Kerze anzünden. Danach werfen wir einen kurzen Blick in die Kirche. Wir wollen die Christbäume sehen, die wir heuer gespendet haben, da sie schon zu groß für Wohnzimmerchristbäume geworden sind. In der Kirche erfüllen sie noch einmal einen schönen Zweck.

Es war mein Vater, der gern in die Gärtnereien ins Innviertel gefahren ist und sich dort Mini-Setzlinge von Blautannen, Silberfichten und Nordmannstannen gekauft hat und sie großgezogen hat.

Manchmal war auch ich dabei und wir sind durch die Reihen mit Sträuchern, Bodendeckern und Ziergräsern geschlendert. Dabei hat er mir alles erklärt und auch meistens etwas gekauft. Der mittlerweile große Zwergahorn vor unserem Haus ist so ein Geschenk meines Vaters an mich.

So gegen 11:00 Uhr kommt unser ältester Sohn nach Hause. Unsere Schwiegertochter fährt weiter zu ihren Eltern und zu ihrem Bruder. Sie würde morgen bei uns essen.

Am frühen Nachmittag fahren wir mit dem tollen Mercedes, den sich unser jüngerer Sohn dieses Wochenende ausgeliehen hat, zur neuen Firma unseres Großen.

Wenn man in so einem schönen, tollen, neuen Gebäude arbeiten darf, muss man sich freuen. Alles neu und vom Feinsten.

Er zeigt uns sein eigenes Büro und die Männer trinken Kaffee aus der neuen Siebträger-Kaffeemaschine. Ein ganz günstiges Teil, wie er uns erklärt.

Auch seine Arbeitskollegin kommt etwas später mit ihrer Mutter und ihrem Sohn in die Firma. Auch sie zeigt das Gebäude her, da sie stolz ist, hier arbeiten zu dürfen.

Ihr Kleiner ist fünf und er ist natürlich schon ganz aufgeregt, da heute das Christkind kommt.

Mein Mann meint zu ihm, es wird vermutlich jetzt kommen, wenn er nicht zu Hause ist, doch der Kleine hat eine genaue Vorstellung. Das Christkind kommt zu ihm immer am Abend.

Unseren Sohn hat er ins Herz geschlossen. Er war die letzte Zeit ein paarmal in der Firma und auch im Büro unseres Sohnes. Dieser meint, er hilft mir immer.

Der Kleine meint, das ist der, den ich mag, und eigentlich schaue ich dir nur zu. Sehr klug für einen Fünfjährigen.

Danach fahren wir wieder nach Hause. Die Jungs ziehen sich nach oben zurück, wie früher. Mein Mann und ich machen eine kleine Pause auf dem Sofa.

Zu fortgeschrittener Stunde beginnen meine drei Männer, Gemüse zu schneiden, Eier zu kochen und das vorgeschnittene und gewürzte Fleisch aufzulegen.

Wir haben uns alles so einfach wie möglich gemacht und ein Metzger hat uns alles schon vorbereitet. So gibt es auch heuer am Heiligen Abend wie immer Raclette.

Wir haben viel richtig gemacht, denke ich mir, als ich so in der Küche sitze und unsere Jungs sehe. Ich liebe sie, meine Männer. Tränen laufen mir wieder einmal über die Wangen.
Meine Gedanken gehen mit mir durch und ich sage stopp. Ganz energisch stopp.
Alles wird gut und es gibt noch viele schöne Weihnachten.

Einen Christbaum haben wir heuer nicht. Es hätte mir zu viel Arbeit gemacht und wir brauchen ihn nicht zu haben, beschlossen wir einheitlich.

Wir sitzen zum ersten Mal, seit wir im Haus sind, und das ist über zwanzig Jahre, am Wohnzimmertisch um die brennenden Kerzen am Adventskranz und singen zum ersten Mal „Stille Nacht, heilige Nacht" ohne Gitarre.

Wir singen so falsch, dass meine Mutter nicht mehr singen kann vor lauter Lachen – und ich auch nicht mehr. Unser Jüngster singt durch, er zieht es durch, die ganze Strophe.

Früher war alles ein wenig ernster, andächtiger. Ich vermutlich darauf bedacht, dass es perfekt ist.

Jetzt ist mir das alles nicht so wichtig. Wichtig ist, dass wir beisammen sind, alles hinter uns haben und ganz gesund werden dürfen.

Wir haben viel Spaß. Immer einer der Jungs sucht ein Päckchen aus und alle anderen schauen beim Auspacken zu. Es dauert lange. Danach gibt es die heiß ersehnten Kekse der Mutter meiner Leiterin.

Jeder einzelne ist ein Genuss. So gute Kekse hatten wir noch nie und wir essen sie wirklich alle auf.

Danach schauen wir uns noch einen Teil der Amerikafotos unseres Sohnes über den Fernseher an. Es ist bereits nach Mitternacht, als wir ins Bett gehen.

Der Heilige Abend 2017 war anders, einfacher, aber besonders schön.

Am nächsten Tag kommt zur Mittagszeit unser Schwiegertöchterlein. Wir essen alle gemeinsam Bratwürstel. Auch die hat unser Sohn besorgt. Dazu gibt es Sauerkraut und Gebäck. Ich esse sehr viel Letscho, das ich aus dem übrig gebliebenen Gemüse von gestern zubereitet habe, und ich koste nur bei den drei Sorten Bratwürstel.

Danach bekommt auch unsere Schwiegertochter ihr Päckchen und wir sehen uns die restlichen Bilder an, die wir gestern nicht mehr geschafft haben.

Trotz der Harmonie schweifen meine Gedanken oft von den Bildern weg und ich sehe meinen Mann an, wie er so zwischen seinen Söhnen auf dem Sofa sitzt.

Hart muss es schon sein für ihn. Hart ist es doch auch für mich. Wir sind nicht mehr eingeladen bei unserer Schwiegermutter, weil sie mich nicht mehr mag, weil ich krank geworden bin.

Die anderen Schwager und Schwägerinnen sitzen heute mit ihren Kindern bei ihr und tun alles, damit es für sie passt.

Am dreiundzwanzigsten hat Schwager weiter weg meinem Mann eine Nachricht geschickt. Er und sein Bruder sprechen noch einmal mit ihr. Eine Antwort hat er von beiden Brüdern nicht bekommen.

Gestern hat zu Mittag das Handy bei mir geklingelt. Ich starre auf das Display. Es ist Schwägerin weiter weg. Ich weiß in solchen Situationen mittlerweile nicht mehr, was ich machen soll. Sie machen mich irgendwie fertig.

Ich rufe sie aber umgehend zurück und sie berichtet mir, dass die Schwiegermutter sofort abblockt, wenn sie gefragt wird, warum sie so reagiert. Meine Schwägerin meint auch noch, sie würde es auch nicht verstehen, dass ihre Enkel nicht zu Weihnachten gekommen sind.

Mir steigt es hoch. Ich erkläre ihr kurz und bündig: Wie denkt sie/ihr eigentlich? Glaubt sie wirklich, sie könnte uns einzeln haben?

Eigentlich müsste ich bei so viel Irrsinn sprachlos sein, aber ich erkläre ihr, wir sind eine Einheit, wir vier. Das waren wir immer und das werden wir immer sein und ich kann ihr, was sie gemacht hat, nie mehr verzeihen. Danach verabschieden wir uns.

Ich mag nicht mehr. Mein Mann auch nicht und unsere Kinder sind der Meinung, so blöd kann man doch gar nicht denken.

Es ist genau so, wie meine Freundin und Nachbarin gesagt hat. Fragt nicht mehr nach. Ihr werdet keine Antwort bekommen, oder ihr bekommt eine Antwort, mit der ihr nichts anfangen könnt, da sie (Schwiegermutter) und die anderen so anders denken.

Es ist echt schwer, denn den ganzen Tag hängt mir so ein Anruf nach. Ich muss mehr an mich denken, um gesund zu werden, und wenn ich es nicht kann, dann muss ich es eben lernen.

Täglich mache ich meine Übungen und täglich massiere ich zweimal meine Narbe. Derzeit verwende ich die Salbe der Physiotherapeutin und leicht angewärmtes Olivenöl.

Ich vertrage die Tabletten gut, zumindest habe ich das Gefühl.

Anders an mir finde ich, dass ich nicht belastbar bin. Mir wird schnell alles zu viel. Vor meiner Krankheit war ich ein kleines Multitasking-Wunder. Jetzt fühle ich mich sehr schnell überfordert, fertig.

Ich bemühe mich wirklich, meinen Alltag zu meistern, die Wäsche wieder selbstständig zu waschen, zu kochen und den Haushalt zu führen. Schwere Tätigkeiten vermeide ich noch immer.

Ich würde so gerne zur Reha fahren, habe aber noch immer keine Antwort auf mein Ansuchen bekommen.

Irgendwie brauche ich etwas für mich, für meinen Seelenfrieden. Ich möchte den endlosen Strand von Amrum entlanglaufen. Den Wind im Gesicht spüren, mich dem Wind entgegenstemmen, weil er so stark ist. Ich möchte mich spüren.

Ich habe mir das Spüren zwischen meinem Mann und mir nach meiner OP viel schwieriger vorgestellt. Ist es aber nicht. Wir können alles genießen wie früher. Er hat es mir leichtgemacht. Ich genieße es, wenn er mir über meine fehlende Brust streicht. Ich spüre seine Berührungen. Anders als früher, da ich auch mich selbst noch anders spüre. Aber ich fühle sie, seine Zärtlichkeit. Ich bin so froh, dass er so selbstverständlich damit umgeht.

Ich kann nun die Menschen, die ich liebe, noch näher an mich drücken, da auf einer Seite kein Hindernis, kein Busen mehr ist.

Ich habe immer Angst, zu wenig zu wissen. Vermutlich würde es noch so viele Dinge geben, die mir helfen könnten, dass er nie mehr zurückkommt, aber ich kenne sie nicht, die Dinge, die mich noch bei meiner Genesung unterstützen könnten, und niemand sagt sie mir.

Ich bin einfach auf mich selbst gestellt, das finde ich schwer. Vermutlich würde ich bei einem Reha-Aufenthalt an Informationen kommen, aber alles dauert so lange und ich bin eben nur eine unter sehr vielen, die diese Diagnose, diese Krankheit hat.

Ich ist ein schöner Satzanfang, darum habe ich ihn auf der letzten Seite sehr oft verwendet.

Heute bin ich müde. Im Fernsehen ist auch nichts, was mich interessieren würde, und meine beiden Männer sind noch in der Werkstatt.

In fünf Tagen beginnt ein neues Jahr. Ich werde es ganz allein zu Hause feiern. Mein Mann hat Dienst. Er hat mich gefragt, aber mir macht es wirklich nichts aus. Darauf freue ich mich sogar. Meine Wünsche sind bescheiden und doch von großer Wichtigkeit.

Ich wünsche mir ein gutes Jahr.

Die letzten Tage im alten Jahr haben wir nicht mehr viel vor. Einmal sind wir noch bei meiner Freundin aus der Arbeit und ihrem Mann eingeladen. Sie bereitet ein „Clam Chowder" für uns zu. Vielleicht fahre ich noch einmal mit unserem Ältesten zu meiner Mutter in die Reha-Anstalt.

Ich werde sie ruhig angehen, die letzten Tage im alten Jahr, denn das tut mir gut.

Das Leben ist ein Beenden und ein Neubeginn, auch für ein Jahr trifft das zu.

Zum Abschluss zitiere ich noch einen Spruch, den ich an der Hauswand der Reha-Anstalt gelesen habe und von dem ich hoffe, dass er im neuen Jahr auf mich zutrifft: Es kommt darauf an, den Körper mit der Seele und die Seele durch den Körper zu heilen.

Heute ist Silvester. In einer Stunde und fünfundvierzig Minuten beginnt ein neues Jahr.

Vor ein paar Tagen habe ich bei der Pensionsversicherung angerufen, ob sie schon etwas von meiner Reha wissen. Man sagte mir, sie sei bewilligt und ich sollte mich direkt in der Einrichtung nach einem Termin erkundigen.

Das mache ich auch gleich. Die Reha-Anstalt, in die ich komme, ist keine von denen, die ich angegeben habe.

Einen Termin kann ich in sieben Wochen haben oder in zehn Tagen, da jemand ausgefallen ist. Es geht mir alles zu schnell. Ich brauche fünf Minuten Denkpause, danach rufe ich wieder an und teile ihnen mit, dass ich in zehn Tagen komme.

Ich bin mir sicher, die Entscheidung ist richtig, da ich meine Beweglichkeit des Armes schnell wieder zurückbekommen möchte. Auch mein Ich braucht jetzt Hilfe, obwohl ich weniger weine.

Draußen knallt es wie wild von den Feuerwerkskörpern. Es wird echt viel geschossen. Seit 20:00 Uhr knallt es wie wild.

Meine Kinder feiern mit Freunden, mein Mann hat Dienst und ich bin froh, zu Hause sein zu können. Meine Mutter feiert in ihrer Reha-Anstalt. Sie kommt drei Tage nach Beginn meiner Reha nach Hause.

Viele meiner Freundinnen haben mir heute per WhatsApp geschrieben oder wir haben telefoniert. Auch die, die ich erst kurz kenne, wie Theres aus dem Krankenhaus und Michaela vom Johannesweg. Auch die Freundin, mit deren Anrufen ich nie rechne, weil diese Freundschaft besonders ist.

Das Jahr 2017 war nicht mein Jahr. Es war das schrecklichste Jahr in meinem Leben.

Heute hat meine Schwiegermutter Geburtstag. Auch ich, auch wir haben sie nicht mehr angerufen. Es sind über drei Monate vergangen, seit sie uns ignoriert.

Die anderen sind brav zu ihr gekommen. Alle. Mein Mann hat sie zufällig gesehen, als er mit den Naturfreunden heute eine Radtour gemacht hat.

Wir werden es nie erfahren und jetzt wollen wir es auch gar nicht mehr wissen.

Manche Dinge muss man hinnehmen, sich gefallen lassen. Es macht mir nur Angst, wie schnell sich alles ändert.

Es war wirklich hart, diese Diagnose zu bekommen, es war wirklich hart, verstoßen zu werden samt meiner Familie. Ich hätte sie gebraucht, die Worte, die einem guttun in so einer Situation.

Jetzt brauche ich sie nicht mehr. Aus den vielen Tränen, die ich geweint habe, ist eine Leere entstanden. Nur wegen meines Mannes ist es mir schwer ums Herz, denn es sind doch seine Mutter und seine Brüder, die sich unerklärlich uns gegenüber benehmen.

Im neuen Jahr, das in gut einer Stunde beginnt, geht es gleich zu Beginn um mich. Ich werde in zehn Tagen in die Reha fahren für drei Wochen. Ich werde trainieren und lernen, in die richtige Richtung zu denken. Nur in die richtige Richtung.

Wir sind so viele mit diesem Schicksal und trotzdem ist jede von uns allein damit. Ich für meinen Teil habe mir das Erlebte von der Seele geschrieben und es hat mir gutgetan, ich hätte es mir anders nicht vorstellen können.

Nie mehr hätte ich im Nachhinein mein Erlebtes so formulieren können. Man verdrängt, man vergisst und das ist gut.

Nie vergessen werde ich die Hilfe meines Mannes in dieser Zeit, die meiner Kinder, meiner Schwiegertochter und meiner wahren Freundinnen und Freunde. Danke.

Für das neue Jahr wünsche ich mir, dass es ein gutes Jahr wird und noch viele, sehr viele gute Jahre kommen.

Das neue Jahr wird das Jahr, in dem unser Sohn heiratet. Schöner Gedanke. Ich freue mich auf das Fotoshooting im Februar. Ich habe es schon vor langer Zeit gebucht. Ich will auf den Bildern in meinem neuen Ich zu sehen sein. Geschminkt, die Haare schlicht zu einem Knoten gebunden und über meiner Brust, über meiner Narbe nur ein Tuch. Ansonsten nur Haut.

Ich mag sie, meine Stelle. Die Haut ist straff über die Rippen meines Brustkorbes gespannt. Im unteren Teil, wo meine Brust sein soll, ist noch ein kleines bisschen mehr Haut. Eine kleine Wölbung ist zu sehen. Die Narbe ist lang, noch ein wenig dunkelrot, aber schön verheilt. Sie gehört zu mir. Sie rettet mir mein Leben.

Ich wünsche mir ein gutes neues Jahr.

Mir fehlt das Schreiben. Ich merke es ganz deutlich. Mit dem Schreiben konnte ich in den letzten Monaten so viel hinter mir lassen, so viel schaffen.

Ich glaube, dass Schreiben für mich auch jetzt noch einen hohen Stellenwert besitzt. Was wäre sonst der Grund, dass es mir fehlt? Schreiben hat auch etwas Heilendes für mich.
Seit einer Woche bin ich auf Reha. Zuerst ging alles so langsam. Es war mein Anruf bei der Pensionsversicherungsanstalt, der mich erfahren ließ, dass meine Reha genehmigt wurde, und zu diesem Zeitpunkt erfuhr ich auch, dass ich mich selbst bei der zugewiesenen Institution um einen Termin erkundigen musste.
Ich hatte die Wahl zwischen noch endlos warten oder spontan in wenigen Tagen einspringen.
Ich brauchte fünf Minuten Zeit zum Überlegen, mehr hatte ich auch nicht. Danach rief ich erneut an und sagte: Ich komme in ein paar Tagen.

Nun sitze ich in meinem sehr neuen Zimmer in diesem Reha-Zentrum. Das Zimmer ist mit hellen Möbeln eingerichtet. Die Wand, vor der ich jetzt gerade sitze, ist mit beigen Platten bedeckt und am unteren Ende, bevor sie in den Schreibtisch übergehen, sind die Platten grün. Ein richtig kräftiges, frisches Grün. Die Vorhänge sind wieder in sanften Naturfarben gehalten und ich habe mich sofort wohl gefühlt in meinem neuen Zuhause für die nächsten drei Wochen.

Die meisten Frauen haben sehr kurze Haare. Manche haben ein Tuch auf dem Kopf und manche tragen an den ersten Tagen eine Perücke. Nach ein paar Tagen bleiben die Perücken im Zimmer. Wir haben hier irgendwie nichts zu verbergen. Wir sind hier alle aus einem Grund in dieser onkologischen Abteilung.
Die Krankheit selbst hat sich nur bei jedem Einzelnen eine bestimmte Stelle ausgesucht.

In diesen ersten Tagen hat es viele Schulungen, Untersuchungen und auch schon Therapien gegeben. Ich genieße es, dass ich endlich an der Reihe bin, dass man sich um mich bemüht und man versucht, mir meine Armbeweglichkeit so gut wie möglich wiederzugeben.

Ich habe eine tolle Tischnachbarin. Wir haben uns von Anfang an verstanden, da wir sehr viele Ähnlichkeiten haben und auch beide nicht unsere Krankheit zum Dauerthema machen wollen.

Wir haben das Schwierigste hinter uns. Jetzt wollen wir ganz gesund werden und positiv in die Zukunft blicken.

Wenn es die Zeit erlaubt, gehe ich eine kleine Runde. Es ist Mitte Jänner und es ist meist kalt und nebelig. Bei meinem letzten Spaziergang hat es leicht zu schneien begonnen, aber es waren keine Flocken, sondern kleine weiße Kügelchen, die vom Himmel fielen. Sonne gibt es seit einer Woche so gut wie gar nicht, aber das stört mich nicht, und außerdem kann ich es sowieso nicht ändern.

Meine Prioritäten haben sich verändert, das merke ich deutlich. Manche Dinge sind mir egal und ich kann mich schneller mit etwas anfreunden, ohne ewig darüber nachzudenken.

Heute zum Beispiel stand auf meinem Tagesplan endlich zum zweiten Mal Massage. Beim ersten Mal wurde meine Narbe entstört. Heute steht neben Teilmassage der Name eines Mannes.

In solchen Momenten frage ich mich schon kurz, warum ich gerade von einem Mann massiert werden muss, wo mir das Ausziehen vor doch fremden Personen noch schwerfällt. Es gibt viel mehr Masseurinnen als Masseure!

Egal, da muss ich durch. Als er meinen Namen aufruft, folge ich dem eher älteren Herrn zu meiner Koje.

Er schlägt mir für heute eine Fußreflexzonen-Massage vor. Ich bin begeistert. Darum: Manche Dinge soll man nicht versuchen zu ändern und manche Dinge kommen ohnedies ganz anders, als man glaubt.

Das Essen schmeckt mir und ich genieße es auch, mich zum fertig gekochten Essen zu setzen und danach einfach wieder aufzustehen.

Jänner 2018, Reha

Eines meiner Bilder aus der Maltherapie

Ich sauge alles, was ich erfahren kann, auf und genieße auch das Alleinsein mit mir selbst.

Die in Nebel getauchte Landschaft, die kahlen Bäume, die eher trostlose Umgebung und auch die eher dreckig wirkenden Häuserfassaden lösen bei mir keine düstere Stimmung aus. Nein, sie beruhigen mich und sind auf ihre Art auch wieder schön.

Außerdem sieht man den Bäumen ohne Blätter viel besser an, was sie schon alles hinter sich haben, und trotzdem wachsen sie weiter. Sie machen neue Ausläufer und strecken sich nach oben, der Sonne entgegen.

Manchen hat man die halbe Seite weggeschnitten, so wie mir. Manche Bäume wurden so zurechtgestutzt, dass außer ihrem Stamm und ein paar Trieben nichts mehr auf ihre frühere Schönheit schließen lässt.

Und dann sind da noch die ganz Schiefen. Bäume, die in einer Hanglage von Anfang an schlechte Bedingungen gehabt haben und die sich womöglich noch zusätzlich gegen den Wind stemmen müssen. Ihre Äste wachsen meist nur in eine Richtung. Sie brauchen viel Kraft, um das auszuhalten. Sie brauchen tiefe Wurzeln.

Bei den Bäumen findet man Ähnlichkeiten zu uns Menschen, aber eben nur, wenn sie kahl sind und keine Blätter tragen.

Wenn sie so sind, wie sie eben jetzt sind.

Es ist Wochenende, das zweite, seit ich hier auf Reha bin. Viele fahren nach Hause und pendeln täglich zwischen ihren Heimatorten und der Reha- Einrichtung, denn geschlafen werden muss hier. Viele gehen abends aus. In der Nähe ist ein Tanzlokal, in dem man tanzen und flirten kann. Viele setzen sich unten in der Halle zusammen und spielen Gesellschaftsspiele.

Ich merke, ich bin anders. Mein Mann hat wie so oft zuvor vierundzwanzig Stunden Dienst und mein Sohn ist Ski fahren. Morgen besuchen sie mich. Also: Warum soll ich hin und her fahren? Hier wird für mich gekocht, ich habe die ersehnte Zeit für mich. Ich will auch nicht ausgehen und auch nicht flirten.

Einen besseren Mann als meinen, der mir in der dunkelsten Zeit meines Lebens zur Seite gestanden hat und mit mir die schlaflosen Nächte und die vielen Tage der Angst und Tränen geteilt hat, würde ich nie mehr finden.

Nach zu vielen Leuten und Spielen ist mir auch nicht. Damit meine ich nicht mehr diese Scheu vor Menschen wie vor Wochen, nein, ich mag das Gespräch mit meinen mittlerweile drei Tischnachbarinnen und ich mag die kurzen Gespräche, die sich am Tag mit anderen Menschen ergeben, aber den Abend will ich mit mir allein verbringen.

Ich habe mir vor Antritt der Reha drei Bücher gekauft. Zwei davon in einem besonderen Laden, leicht esoterisch angehaucht in der Hoffnung, dass sie gut sind. Gut, damit meine ich, nicht zu spirituell, und doch so, dass sie mich nachdenken lassen und mir bei meiner Aufarbeitung der Dinge helfen.

Und sie sind gut. Es ist erst Halbzeit meines Aufenthaltes und ich habe sie bereits alle drei verschlungen. Ich merke, vieles hat sich in letzter Zeit geändert bei mir. Zum Beispiel kann ich mich wieder konzentrieren beim Lesen. Ich weiß doch tatsächlich danach noch, was ich gelesen habe. Das war nicht immer so in letzter Zeit.

Ganz extrem war es vor der OP im Krankenhaus und bei den Befundbesprechungen. Ich hörte genau zu, wo ich zum Beispiel hingehen musste, und hatte es vergessen oder nicht wirklich gehört, sobald mein Gegenüber aufhörte zu sprechen.

Ich weine auch viel weniger. Erstens sind immer überall viele Leute, da kommen einem die Tränen nicht so leicht. Zweitens haben mir ein Einzelgespräch mit der Psychologin und ein Gespräch mit einer Ärztin geholfen, vor allem die Sache mit meiner Schwiegermutter und auch die mit meiner restlichen Verwandtschaft loszulassen.

Genauso wie die Psychologin der Krebshilfe, die wir bereits einmal aufgesucht haben, sind auch sie perplex über dieses Verhalten und haben Derartiges noch nie gehört.

Sie vermuten ein psychisches Problem der Schwiegermutter oder ein Trauma aus Kindertagen, sodass Krebs für sie nur eines bedeutet und sie darum nichts mehr mit mir zu tun haben will. Alle Fachleute finden aber das Verhalten meiner Verwandtschaft extrem gefühlskalt, da normalerweise Menschen in solchen Situationen eher enger zusammenhalten. Egal, ich muss es nicht mehr verstehen, wenn es Experten auch nicht verstehen. Die Suche nach dem „Warum" soll ich aufgeben, da es vor allem mich sehr belastet.

Die Maltherapie, ebenfalls von einer Psychologin betreut, hat mir geholfen, indem ich bei den ersten Sitzungen etwas LOSLASSEN konnte. Ich habe sie in Form von Ballonen gezeichnet.

Sie besitzen sehr kurze Schnüre, an denen man sie wieder zurückholen könnte, einer hat eine etwas längere Schnur und zwei haben gar keine Schnur mehr. Davon entspricht ein Ballon meiner Krankheit, alle anderen tragen nur die Anfangsbuchstaben von Personen.

Daneben liegt eine Figur, die mich darstellt und die dadurch endlich zur Ruhe kommt, weil sie etwas LOSLASSEN konnte.

Mein zweites Bild symbolisiert die unendliche Liebe zu meinem Mann, der so zu mir hält, denn für ihn muss es sehr schwer sein.

Das dritte Bild stellt mich als Baum dar. Als Baum in dieser Jahreszeit, der nichts verbirgt und aussieht, wie ich jetzt aussehe.

Ich hätte mir vorher nie vorstellen können, wie befreiend dieses Aus-der-Seele-malen ist.

Unsere Gruppe bestand aus sechs Personen und wir mussten über die Bilder sprechen. Das Gesagte musste in der Gruppe bleiben. Bei der Bildbeschreibung meines ersten Bildes begannen zwei Teilnehmerinnen neben mir zu weinen.

Sie weinten, weil sie es sich vorstellten.

Ich war froh, dass diese Psychologengespräche und die Maltherapie im ersten Drittel der Reha waren, denn so blieben mir zwei Drittel meiner Zeit, mich aufzubauen.

In die nächste Maltherapie ging ich befreit, voller Energie. Ich hätte dies nie jemandem geglaubt, wenn ich es nicht selbst erlebt hätte, und ich bin alles andere als ein leichtgläubiger Mensch.

Zuerst machte die Psychologin mit uns eine Phantasiereise. Wir sollten uns an einem besonderen Ort in der Erinnerung aufhalten, an dem wir uns unendlich wohlgefühlt haben.

Da war er, mein Ort. Ich lag unglaublicherweise wieder mit kurzem T-Shirt in Island auf der Wiese auf der Halbinsel Snaefellsnes. Ich spüre sie heute noch, die warme Luft an diesem Tag. Unwirklich fast für Island. Die Wiese war übersät mit kleinen gelben Blüten. Die Blumen hatten nicht wirklich einen Stängel. Ein Zeichen, dass an den meisten Tagen ein ordentlicher Wind über sie drüberfegt. Ich drehte die Handflächen meiner Hände nach unten und spürte

auch die kleinen weichen Federn, die hier zu Tausenden auf der Wiese lagen.
Hinter mir der schneebedeckte Gletscher und in einiger Entfernung vor mir die Klippen und das dunkle, im Sonnenlicht glitzernde Meer. Einfach geradeaus und doch viele Kilometer entfernt würde Grönland auftauchen.
Grönland, Island und ich hier im kurzen T-Shirt.
Mit geschlossenen Augen hörte man nur die Brandung und das laute Geschrei der Vögel.

Nach der Phantasiereise sollten wir unsere Emotionen festhalten und danach ein Bild mit den aktuellen Empfindungen malen.
Island wurde auf meinem Bild blau, eisblau, weiß sehr reduziert mit nur angedeuteten Farben und mein zweites Bild war farbig, es war bunt. Ich spürte förmlich, wie mir nach Farbe war. Ich behielt zwar die Technik bei, weil sie mir vom ersten Bild gefiel, aber ich verwendete ein kräftiges Gelb, Rot, Grün und Blau.
Mir fielen meine Lavendelfelder in der Provence wieder ein und ich spritzte mit lila Farbtönen meinen Lavendel symbolisch auf den unteren Teil meines Blattes. Danach holte ich mir die orangene Flasche und ich drückte so richtig darauf und dicke, kräftig orangene Linien krönten mein Bild.
Ich war zufrieden mit mir und mit meinem Werk. Auch die Psychologin, die mit mir meinen Vornamen teilt, staunte.
Während des Malens hatte ich die Welt um mich vergessen. Ich war so bei mir wie schon lange nicht mehr.

Ich war fertig mit meinen Werken und merkte erst jetzt, dass die anderen Teilnehmer noch Zeit brauchten, denn sie malten feiner, genauer als ich an diesem Tag.
Also säuberte ich meinen Tisch und zeichnete zur Zeitüberbrückung eine Zauberblume, eine Art Mandala. Auch sie wurde ausgesprochen schön.
Das Malen war befreiend, aber auf eine ganz andere Art als beim letzten Mal. Beim ersten Mal befreite ich mich und diesmal war es befreiend für mich.

Diesmal begann ich mit der Bildbeschreibung.

Ich glaube, die Psychologin hat an mir den größten Unterschied gemerkt, da er an meinen Bildern so deutlich zu erkennen war.

Ich beschrieb kurz meine Island-Interpretation. Dem bunten Bild gab ich Schlagworte wie: „Wieder Farbe ins Leben bringen." Auf die Tube drücken, meinte die Psychologin – und aus dem Vollen schöpfen, da ich die Farbe alles andere als sparsam verwendet hatte. Auch das nehmen, was einem zusteht, meinte sie noch.

Meinem sehr gelungenen eigentlichen Pausenfüller-Bild gab ich den Titel „Wieder aufblühen" und da ich am Rand der Blume so lang gezogene Linien mit Spiralen gezeichnet habe, kamen sie mir plötzlich und aus einiger Entfernung wie Fühler vor. Darum bekam mein Bild von mir den Titel „Aufblühen und wieder die Fühler ausstrecken".

Dieses Mal waren alle von meiner Wandlung begeistert – und ich eigentlich auch.

Da war sie wieder, die Elfi, die ich eigentlich immer sehr mochte.

Morgen kommt sie, meine Family. Morgen kommen mein Mann, mein Sohn und meine Mutter. Letzte Woche waren mein Ältester und meine Schwiegertochter bei mir. Meine Freundin Sabine und ihr Mann fragten mich gestern, ob sie mich kurz besuchen dürfen, da ich ja zu Beginn allen gesagt habe, ich brauche sehr viel Zeit für mich.

Ich freue mich schon sehr, sie alle in den Arm zu nehmen und ihnen von meinen Fortschritten zu erzählen.

Vermutlich weine ich auch, wenn ich sie sehe, wie sie auf die Eingangstür zugehen. Trotzdem merke ich von Tag zu Tag, wie ich seelisch stärker werde und wie schnell und souverän wir zwei uns unser Leben zurückerobern. Mit wir zwei meine ich meine operierte Seite und mich.

Zu Beginn der Reha fiel es mir unendlich schwer, wenn ich so nackt und schutzlos bei meinen Behandlungen auf meinem Leinentuch lag.

Ich lag da und rechts und links liefen mir meine stillen Tränen hinunter. Meist hielt man mir dann eine Taschentücher-Box hin und sagte: Lassen Sie es ruhig heraus.

Ich fühlte mich, man kann es in Worten kaum ausdrücken, ich fühlte mich unglaublich unvollkommen. Aber ich wusste auch: Man kann mir hier bei vielem helfen und manches muss ich einfach für mich ganz allein schaffen.

Dass ich das so schnell kann, macht mich stolz und zeigt mir meine innere Kraft. Bei der dritten Massage bekam ich – richtig, wieder den älteren Herrn, und er wollte auch dieses Mal meinen Füßen etwas Gutes tun.

Keine Frage, die Fußreflexzonen-Massage war sehr gut, aber ich war an mir gewachsen und diesmal erklärte ich ihm, dass meine Prioritäten an einer anderen Stelle liegen. Er war einverstanden mit einer anderen Massage.

Ich zog mir selbstbewusst mein Oberteil vor ihm aus und legte mich auf das glatt gebügelte Leinentuch.

Ich war sicher nicht sehr entspannt, aber er entstörte mir meine lange, schön geheilte Narbe, massierte mich und erst die letzten paar Minuten widmete er sich meinen Füßen.

Ich hatte es mich getraut, ich hatte es geschafft. Ich, ich, ich und nur ICH.

Morgen beginnt mein Tag sehr entspannend. Um 7:00 Uhr bekomme ich erneut eine Massage, dieses Mal bei einer Masseurin. Ich habe bereits im Zimmer geübt, mich auf dem Bauch auf das Bett zu legen. Es sieht zwar etwas ungelenkig aus, aber ich schaffe es und so steht morgen einer Rückenmassage nichts mehr im Weg.

Immer mehr schaffe ich, immer mehr lasse ich hinter mir. Nach dem Frühstück, das hier sehr spartanisch und gleich ist, gehe ich zum Fango und danach zum Entspannungstraining. Erst danach steht Ausdauertraining am Rad auf dem Programm, worauf ich mich aber so ziemlich als Einzige auch freue.

Vorgestern habe ich auf meinem Handy den verpassten Anruf von Schwägerin vier Tage gesehen. Ich schrieb ihr zurück, dass ich derzeit mein Handy nur in Notfällen verwende, da ich gerade Zeit für mich brauche. Ich habe mich bei ihr für den Anruf bedankt und ihr geschrieben, dass ich mich bei ihr melden werde.

Was auch stimmt. Einem Ballon auf meinem Bild hatte ich ja tatsächlich eine längere Schnur gegeben.

In den letzten Tagen habe ich auch das Rätsel der Schildkröte für mich gelöst.

Ich glaube, ich habe noch gar nicht darüber geschrieben.

Meine Freundin Sabine hat mir ein Stofftier mitgegeben, nämlich eine kleine Schildkröte. Sie hat anscheinend gut überlegt, welches Tier zu mir passen würde und sich dann für dieses Tier entschieden. Auch meine Freundin aus Kindertagen hat mir ein kleines Präsent mitgegeben. Von ihr bekam ich ein kleines Büchlein mit Sprüchen. Vorn auf der Titelseite ist ebenfalls eine Schildkröte zu sehen und als ich mein zweites Buch zu lesen begann, fand ich auch darin eine sehr berührende Geschichte über eine Meeresschildkröte.

Dreimal, das ist ein Zeichen. Ich überlegte mehrere Tage, um eine Symbolik für mich zu finden, und ich habe sie gefunden.

Eine Schildkröte passt zu mir, denn Schildkröten werden uralt. Das gefällt mir schon zu Beginn besonders gut.

Schildkröten haben sich im Laufe der Jahre eine dicke Haut zugelegt und sind doch sehr feinfühlend.

Ich kann mich noch gut an unseren Mauritius-Urlaub erinnern und daran, wie ich dort diese über hundert Jahre alte Schildkröte am Hals gestreichelt habe. Ihre Haut fühlte sich an wie die Haut eines Elefanten. Fest, ja, fast hart, und trotzdem wurde ihr Hals bei meiner Berührung immer länger, weil sie meine Streicheleinheiten als angenehm empfand.

Auch ich habe mir eine festere Haut zugelegt, um nicht so leicht verletzt zu werden von so manchen Menschen. Auch ich bin im Innersten noch feinfühliger geworden durch mein Schicksal.

Schildkröten haben auch einen Panzer und das ist wichtig. Manchmal, wenn auch nicht mehr so oft, will ich mich zurückziehen, verstecken, allein sein oder einfach Schutz suchen.

Und als weiteren Punkt sehe ich noch die Tatsache, dass Schildkröten, wenn auch etwas langsamer, genauso ans Ziel kommen. Davon kann ich nur lernen.

Mir gefallen diese Gedanken und so ist neben dem Lavendel als meine Blume die Schildkröte das Tier, das mich begleitet und leitet.

Freitag, 26. Jänner
Es ist bereits Abend und ich sitze nun in meinem Zimmer am Schreibtisch. Vor mir die kräftig grüne Wand. Dieses Grün macht fröhlich und beruhigt einen zugleich. Auch nach zweieinhalb Wochen Reha genieße ich es noch immer, in mein Zimmer zu kommen.

Viel hat sich inzwischen getan. Meine Tischnachbarin Sabine ist seit drei Tagen nicht mehr hier. Wir haben unsere Telefonnummern ausgetauscht und bleiben in Kontakt. Auch die zwei anderen Tischkolleginnen finde ich sehr nett, aber es ist anders. Die Gespräche sind nicht mehr so tiefgründig. Jetzt wird viel gelacht und ich merke: Auch das tut mir sehr gut.

Mein Arm lässt sich schon um sehr viel weiter nach oben bewegen, meine Schulterschmerzen und Nackenverspannungen sind besser und auch meine Narbe hat an Zugkraft verloren. Ich bin wirklich zufrieden. Die vielen Physiotherapien, Massagen und alle anderen Anwendungen haben mir sichtlich gutgetan.

Es geht einfach in die richtige Richtung mit mir und darum kann auch meine Psyche sich wieder erholen und ich weine um ein Vielfaches weniger.

Er ist echt alles andere als leicht, dieser Weg zurück. Ich kann viel besser mit meinem Los umgehen als so manch andere Frau, das merke ich deutlich in der Kleingruppe mit brustoperierten Frauen. Die anderen haben ihre Brüste einfach noch und die Narben sind viel kürzer. Von den vielen, denen es so geht wie mir, war in meiner Gruppe niemand dabei und somit brauche ich immer ein bisschen mehr Kraft, ein bisschen mehr Selbstbewusstsein, um mich vor anderen so zu zeigen, wie ich jetzt bin.

Aber wir zwei (meine operierte Seite und ich) schaffen es sehr gut und sind auf vieles Geschaffte stolz.

In einem Monat beginne ich wieder mit meiner Arbeit, so hat es die behandelnde Ärztin beschlossen, und es passt für mich.

Mein Zug des Lebens fährt von seinem Abstellgleis wieder in die normale Bahntrasse. Ich kann nicht einfach sagen, ich freue mich, denn ich habe auch Zweifel. Mein Beruf kann anstrengend sein und ich bin noch nicht ganz die Gleiche und nicht gleich belastbar wie früher. Aber es ist gut.

Ich freue mich auf die Dinge, die in nächster Zeit auf mich zukommen. Es sind zwei Konzerte dabei und eine ganz spezielle, unverhoffte Einladung nach Wien.

Nach drei Wochen in der Arbeit geht es dann in den Osterferien ans Meer für ein paar Tage. Kein großes Programm, nur mein Mann und ich und händchenhaltend am Meer spazieren gehen. Darauf freue ich mich und auf so viel mehr in meinem Leben.

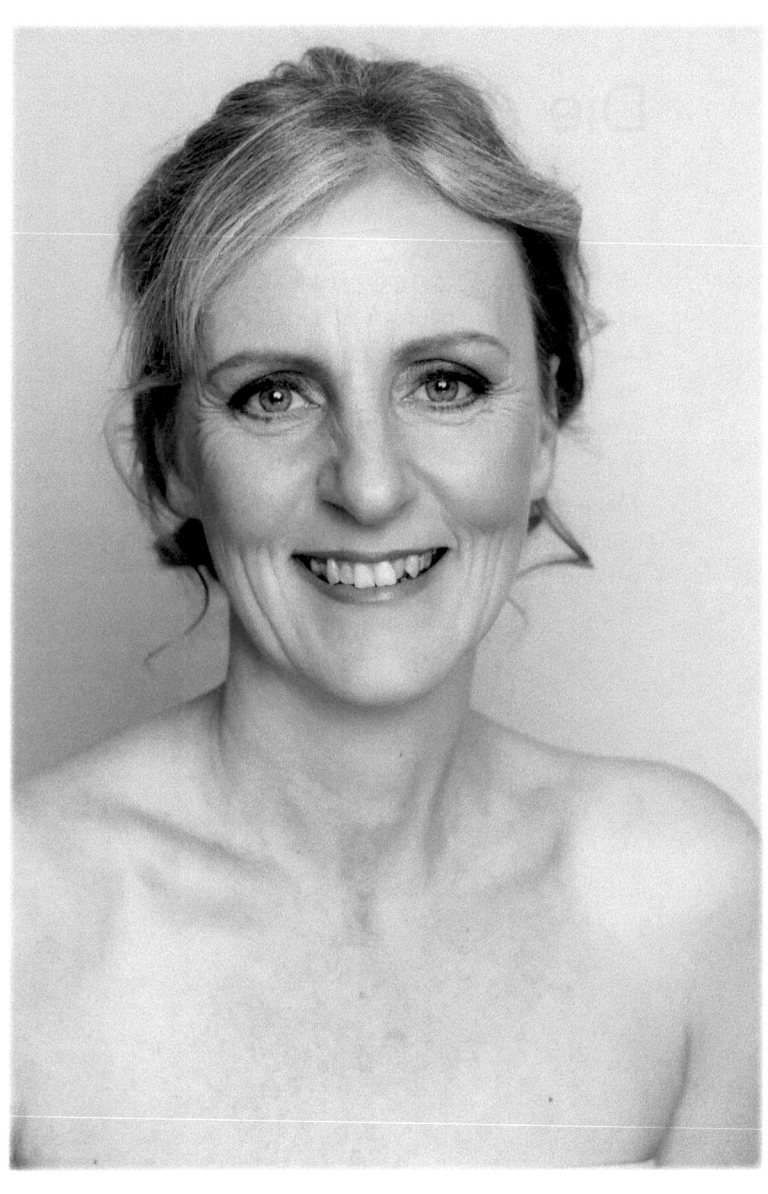

Februar 2018

Die Autorin

Elfi Frühwirth, 1967 in einer kleinen Gemeinde in Oberösterreich geboren, ist nach Schule und Ausbildung als Pädagogin tätig. Sie führt mit ihrem Mann und den beiden Söhnen jahrelang ein glückliches Familienleben, bis sie im Herbst 2017 die Diagnose Brustkrebs erhält. Die Familie ihres Mannes reagiert mit Ausschluss und Ablehnung. In „Bin Skorpion, Krebs unerwünscht" verarbeitet die Autorin das Unfassbare.

Der Verlag

novum VERLAG FÜR NEUAUTOREN

> *Wer aufhört*
> *besser zu werden,*
> *hat aufgehört*
> *gut zu sein!*

Basierend auf diesem Motto ist es dem novum Verlag ein Anliegen neue Manuskripte aufzuspüren, zu veröffentlichen und deren Autoren langfristig zu fördern. Mittlerweile gilt der 1997 gegründete und mehrfach prämierte Verlag als Spezialist für Neuautoren in Deutschland, Österreich und der Schweiz.

Für jedes neue Manuskript wird innerhalb weniger Wochen eine kostenfreie, unverbindliche Lektorats-Prüfung erstellt.

Weitere Informationen zum Verlag und seinen Büchern finden Sie im Internet unter:

www.novumverlag.com